KB120221

엄마의 꿈은 거실에서 이루어졌다

엄마의 꿈은 거실에서 이루어졌다

초 판 1쇄 2023년 04월 20일

지은이 신은정
펴낸이 류종렬

펴낸곳 미다스북스
본부장 임종익
편집장 이다경
책임진행 김가영, 신은서, 박유진, 윤가희

등록 2001년 3월 21일 제2001-000040호
주소 서울시 마포구 양화로 133 서교타워 711호
전화 02) 322-7802~3
팩스 02) 6007-1845
블로그 http://blog.naver.com/midasbooks
전자주소 midasbooks@hanmail.net
페이스북 https://www.facebook.com/midasbooks425
인스타그램 https://www.instagram/midasbooks

©신은정, 미다스북스 2023, *Printed in Korea*.

ISBN 979-11-6910-214-8 03190

값 16,800원

🐌 **미다스북스**는 다음세대에게 필요한 지혜와 교양을 생각합니다.

좋은 엄마, 좋은 사람, 좋은 나 자신!

엄마의 꿈은 거실에서 이루어졌다

신은정

지음

미다스북스

엄마의 꿈은 거실에서 이루어졌습니다

　어쩌다 보니 세 아이를 낳았습니다. 감성으로 먹고사는 제가 아들 셋을 키우고 있습니다. 한 명도 아니고 세 명이나 되는데, 기왕이면 주신 아이들을 잘 키우고 싶었습니다.

　그리고 잘 키울 수 있을 거라 생각했어요. 제 안에는 사랑이라는 강력한 무기가 있으니까요. 하지만 사랑만으로는 되지 않는 게 육아였습니다. 저의 부족함에 날마다 가슴을 치며 울고 기도했어요. 기도하며 저에게 없는 지혜를 구했습니다. 지혜를 구하던 저에게 그 길을 열어주셨죠. 바로 독서였습니다.

　아이들에게 제가 해줄 수 있는 가장 좋은 것이 책 육아라고 생각했고 아이들을 책 육아로 키웠습니다. 아이들에게만 '책 많이 읽어야 한다'고 말할 수 없으니 엄마인 저도 모범을 보여야 했어요. 그래서 '책 읽는 엄마'가 되기로 결심하고 틈이 날 때마다 책을 읽기 시작했어요. 책 읽는 엄마의 뒷모습을 바라보며 책 읽는 아이들로 자라나길 바랐습니다.

　학창 시절 책 한 권 읽지 않았던 소녀였습니다.

손에 책이라는 무기를 지니게 된 건, 순전히 아이들을 잘 키우기 위해 선택한 건데, 오히려 그 안에서 제가 변화되기 시작했습니다. 처음엔 무작정 읽기만 했어요. 밑줄을 긋고 마음에 와 닿는 한두 문장을 노트에 적기 시작한 것이 전부였어요. 책 리뷰는커녕, 짧은 소감문을 남기는 일도 그때는 어려웠어요. 독서근육이 전혀 없었기 때문에, 열심히 책을 읽기는 했지만 무슨 내용인지 잘 기억도 나질 않고, 요점 파악도 되지 않았죠. 책장을 빛내주는 책 한 권이 늘어났다는 사실에 만족했던 독서였지만, 꾸준히 하다 보니 점점 독서근육이 붙기 시작했습니다.

꽤 많은 책을 읽었는데도 사실, 눈에 띄는 큰 변화는 전혀 없었습니다. 여전히 허둥댔고 같은 실수를 반복했어요. 책 읽으면 지혜로워진다는데 그 지혜는 도대체 언제쯤 만날 수 있는 건지 의심이 들기도 했어요. 여전히 말도 잘하지 못하고 입만 열만 주워 담지 못할 실수를 늘어놓는 저를 보며 '책 읽으며 변화되었다'는 이야기가 누구에게나 적용되는 건 아닌가 보다 했어요. 그러다 우연히 글을 쓰게 될 일이 있었는데요, 하얀 바탕화면에 껌벅이는 커서가 빨리 쓰라고 재촉하는 부담감에 다들 어렵다는 글쓰기가 저에게는 너무나도 쉬웠어요. 거침없이 백지를 가득 채워나가는 손끝을 바라보며 저도 놀랐습니다.

그리고 알게 되었어요.

꾸준한 독서는 배신하지 않았고, 글쓰기라는 선물을 주었다는 사실을 요.

글을 쓰는 시간이 참 좋아지기 시작했어요.

잘하는 것이 하나도 없다고 생각했던 평범한 주부였는데, 잘할 수 있는 것이 있었으니 바로 글쓰기였습니다. 매일 글을 썼어요. 아무 일도 일어나지 않는 하루를, 언젠가는 무슨 일이라도 일어날 거라 믿으며 매일 글로 채워나갔어요.

작가가 아닌데, 하루 종일 글을 썼겠어요?

부지런히 살림하고, 아이들을 케어하고, 집밥을 부지런히 해서 먹이고, 주부의 일상에 충실하고도 시간이 남으면 독서와 글쓰기를 했습니다. 틈새 시간을 이용했어요. 우애 좋은 세 아이들이 잘 노는 시간에도 글을 썼고, 아이들을 학교에 보내놓고 혼자 있는 시간에도 글을 썼어요. 늘 사람들과 어울려야 했고, 어울리지 않고 혼자 있으면 참 외로웠던 저는, 그 틈에서 빠져나와 전에 없던 시간을 만들어가기 시작했습니다. 무리 틈에서 빠져나와 혼자 있게 된 그 시간은 조금은 고독하고 가끔은 외로운 시간이었지만 내면의 나를 만나고 이해하고 보듬어줄 수 있는 시간이었습니다.

나 자신보다는 다른 사람의 말과 시선에 너무 많은 신경을 쓰며 살았어요. 나를 감추고, 되는 대로 살아가던 저는 달라지기 시작했습니다. 글쓰기를 하며 단단해졌고 더 높은 곳을 향해 나아가기 시작했어요. 책을 통해서 저에게 없던 지혜를 찾아나갔어요. 아무 생각 없이 고른 책이어도 그 순간 필요한 메시지를 주었고, 나만의 가치관들이 쌓이기 시작했어요. 책 속에 정말 길이 있었어요. 그 길을 걷다 보니 뜻이 생기기도 했습니다. 무엇보다 글을 쓰기 시작하니 풍요로움은 두 배로 확장되었어요.

어린 시절 받지 못했던 사랑의 결핍이 '좋은 엄마가 되고 싶은' 욕심과 로망에 큰 걸림돌이 되었다는 사실을 글을 쓰며 알게 됩니다. 숨겨두고 싶었던 상처와 직면하고 펑펑 울면서, 작고 보잘것없지만 조금은 사랑스러운, 전에는 몰랐던 내면의 아이와 만나게 되었어요. 그 아이를 힘껏 끌어안고 보듬어주었습니다.

그리고 저는 어제보다 더 나은 모습으로 조금씩 성장하게 됩니다. 그 성장은 나 자신을 위해서라기보다는, 허락하신 자녀들을 더 잘 키우고 싶은 절박함, 좋은 엄마가 되고 싶은 간절함으로 이루게 된 것이에요. 성장하면서 깨달은 한 가지. '좋은 엄마가 되기 위한 방법'은 바로 엄마인 내가 먼저 나의 마음을 돌아보고 나 자신을 알고 이해해주는 것이더라고요.

전문적인 지식이나 교육의 팁보다는, 현실에서 무너지고 넘어지며 성장했던 아들 셋 엄마의 이야기를 따뜻하게 세상에 풀어내고 싶었습니다. 바쁘게 손가락을 움직이며 껌벅이는 커서가 숨을 고를 틈도 없이, 거침없이 글을 쓰고 있을 때가 가장 행복한 엄마가 되어, 아이를 키우면서 느꼈던 실수와 성장을 담아내보았습니다.

원고를 쓰기 시작할 즈음, 우연히 책 출간 제안을 받게 되었어요. 비록 불발되었지만 이 일을 계기로 저는 당당하게 '작가가 꿈'임을 선포했습니다. 누구보다 남편이 가장 기뻐했어요. 저를 보는 시선과 행동이 달라진 남편의 모습에 웃음이 나기도 합니다. 전업주부로서 아이들을 키우며 집에서 할 일 없이 독서나 하고 글이나 쓰는 나의 모든 시간을 하찮게 여기지 않고, 누구보다 존중해주었던 남편이었기에 고마운 마음이 큽니다. 그런 남편에게 무언가 보여준 것 같아 당당한 자신감도 생겼어요. 남편은 이제 제가 글을 쓰고 있으면 아이들이 방해하지 못하도록 지켜줍니다. 아이들도 글을 쓰고 있으면 "아, 엄마 글 쓰느라 바쁘구나." 하고 지나갑니다. 막내가 저에게 물어봅니다.

"엄마, 왜 그렇게 열심히 글을 쓰고 있는 거야?
진짜 작가라도 되려고 하는 거야?"

"응. 성운아. 엄마 진짜 작가가 되고 싶어. 엄마의 꿈은 작가야."

꿈이 있는 엄마의 모습은 그런 것이었어요.

같은 자리에서 변함없이 노력하는 모습 말이죠. 살림하고 밥을 차려내고 집안을 부지런히 가꾼 후, 틈이 날 때마다 책상 앞에 앉아 책을 읽고 글을 쓰는 엄마의 모습이었습니다. 그런 모습은 아이들 또한 변화시켰어요. 성장하는 엄마의 뒷모습을 보며, 무언가 늘 바쁘게 하고 있는 엄마의 뒷모습을 보며, 꿈을 꾸는 있는 엄마의 뒷모습을 보면서, 아이들도 주어진 자리에서 최선을 다하고 있어요. 할 일을 미루지 않고 성실하고 책임감 있는 모습으로 건강하게 잘 자라고 있습니다. 그렇게 아이들 곁에서 건강한 정서를 채워주며, 성실하게 엄마의 역할을 감당하며, 같은 자리에서 책을 보고 글을 썼습니다.

세 아이들은 우애 좋은 형제로, 스위트한 삼 형제로 잘 자라나고 있어요. 참 감사한 일이죠. 셋이서, 또는 둘이서, 혼자서도 잘 노는 아이들 곁에서, 시간이 날 때마다 책을 보고 글을 썼습니다.

그리고 꿈꾸었습니다. 작가라는 전에 없던 꿈을요.
엄마는 그렇게 거실에서 꿈을 꾸었고,
엄마의 꿈은 거실에서 이루어졌습니다.

3 〉 엄마의 꿈은 거실에서 이루어졌다

1

무작정 살던 엄마,
변화를 꿈꾸다

내성적인 나, 외향적인 나, 나는 누구인가?

저는 내성적인 성격입니다. 숫기도 없고 말수도 적었어요. 학창 시절 늘 조용했고 마음 맞는 단짝 친구 한두 명과 지내는 것이 편했습니다. 사춘기를 맞이하면서 좀 달라지긴 했지만요. 그 후 엄마가 되고 나서 때때로 저는 밝고 외향적인 사람이 되더라고요.

몰랐던 저의 모습을 보면서 나는 원래 외향적인 사람이었던 건 아닐까 생각해보기도 했어요. 아이들을 키우며 또래 엄마들과 어울리는 제 모습을 보니 스스럼없이 먼저 다가가 말도 잘 걸고 낯가림이란 것이 없는 거예요. 밝고 쾌활하고 싹싹한 그 무엇이 저에게 있는 거예요. 리더십을 지닌 친구들을 부러운 눈으로 바라보기만 했던 제가 어느새 무언가를 리드하고 있더라고요. 바로 독서 모임이었습니다. 엄마들을 모아놓고 독서 모임을 주도하고 모임을 이끌어나갔어요.

그동안 어쩌면, 나는 내성적인 사람임을, 소극적이고 조용한 모습이 나에게 어울린다고 스스로 주문을 외우며 살았던 것도 같아요. 누군가와 함께 있다 보면 적막감이 흐를 때가 있잖아요. 그런 순간을 제가 못 견디겠더라고요. 무슨 이야기라도 해보는 거예요. 아무 말 대잔치를 마구 늘어놓았던 내 입을 치고, 주워 담지 못할 말을 잔뜩 늘어놓은 것을 밤새 후회하며 다양한 엄마들과 관계를 맺었어요. 엄마라는 이유만으로 낯선 타인이었던 그들과 마치 오래 전부터 알고 지낸 친구처럼 급속도록 가까워지는 신세계를 경험하며 다양한 관계들을 이루어갔습니다. 어느 때는 차분한 모습으로 조용히 있기도 하고, 어느 때는 내 안에 숨겨진 싹싹하고 밝은 성격의 아바타를 끌어와 분위기를 살려냅니다. 제가 내성적인 사람인지, 외향적인 사람인지 헷갈리기 시작했어요. 엄마들을 만나고 새롭게 교제를 나누는 시간이 삶의 활력소가 되어줄 만큼 사람들과 어울리는 것이 즐거웠어요. 어렸을 적 상처와 엄마에게 받지 못한 사랑과 정서의 결핍에 갇혀 내성적인 모습으로 저를 누르고 살았는지도 모르겠다고 생각했습니다.

하지만 30년 넘게 내성적인 모습으로 살던 제가 외향적인 모습으로 에너지를 소비하는 일은 생각보다 쉽지 않았어요. 사람들을 만나 즐기고 분위기를 열심히 맞추며 분주하게 살다가도, 어느 순간, 다시 소극적이고 조용한 모습으로 돌아가 혼자 보내는 시간에 편안함을 느꼈어요. 사람들과 어울려 지내면서 참 힘들었어요. 다양한 관계를 맺으며 신경 쓸 일이 더 많아졌어요. 자주 서운했고 작은 일에 쉽게 상처를 받았습니다.

다른 사람의 시선과 행동과 말에 꽤 많은 신경을 쓰고 촉각을 곤두세우며 살았더라고요.

사람들이 무심코 던진 말들에 화살촉을 날카롭게 세우며 나 자신을 후벼 팠죠. '왜 그랬어.'부터 시작해서 저의 모든 행동을 돌이켜보며 밤잠을 이루지 못하는 날들이 많아졌어요. 엄마들과 관계 맺기 시작하면서부터 말이죠.

처녀 적에 날 것의 모습 그대로도 많은 사람들과 자유롭게 관계를 잘도 맺었는데, 엄마들과의 관계는 그것과 사뭇 달랐어요. 나 한 사람으로 끝나면 그리 신경 쓸 일도 없는데, 나는 결국 내 자녀들과, 내 자녀들은 결국 나와 연결되어 있기 때문에 더 많은 신경을 썼던 것 같아요. 그 사람들은 왜 나에게 그런 말을 했는지, 정작 그 사람은 기억도 하지 못할 의미 없는 사소한 한마디를 붙잡고 밤새 곱씹고 씨름을 하며 멋대로 해석하는 거예요. 감정노동자 중에 최고가 바로 저였어요. 자존감이 낮은 제가 자존감이 낮은 아이들을 바라보며 배신감에 부르르 몸을 떨기도 했어요. '내가 너희에게 얼마나 많은 사랑을 주었는데, 너희들은 왜 그렇게 자신감이 없는 거야.'라고 생각하며 아이들을 향한 값없는 사랑에 교만한 가격을 매겨보기도 하는 겁니다.

혼자 있을 때도 빛나는 사람이 되고 싶어

다른 사람의 시선에서 자유롭지 못했던 저라서 혼자서 밥 먹기, 혼자서 영화 보기, 혼자서 카페 가는 일도 참 쉽지 않았어요.

혼자 책을 들고 카페에 앉아 여유롭게 독서를 즐기고 싶었지만 늘 집에서 보는 걸로 만족했어요. 혼자 있는 모습을 누군가에게 들키고 싶지 않았던 거예요. 저는 왜 그렇게 혼자 있는 것을 두려워했는지 모릅니다. 아마 늘 사람들 안에 둘러싸여 있었기 때문일 거예요. 무리에서 빠져나와 혼자 여유롭게 보내는 그 시간을 늘 꿈꾸면서도 정작 그 시간과 마주할 용기는 나지 않았어요. 늘 익숙한 그 무리 속에 있어야 한다고 생각했어요. 그러면서도 왜 자꾸 피곤해지는 건지요. 내면의 소리보다는 다른 사람의 말과 시선을 의식하며 살았던 저는 좀 달라지고 싶었어요. 다른 사람이 좋아하는 일이 아닌, 내가 좋아하는 일에 집중하고 그 순간을 즐기고 싶었어요. 나를 기쁘게도 하고 서운하게도 하는 많은 사람들에게서 빠져나와 온전히 나에게만 집중하고 싶어졌어요. 다른 사람을 너무 의식하고 신경 쓰는 내가 싫어서 고치고 싶어졌어요. 자유해지고 싶어졌어요.

혼자 삼계탕 집으로 향했습니다.

혼자 테이블에 앉아 뜨끈한 삼계탕을 주문했죠. 보고 싶은 영상을 틀어놓고 혼밥을 즐겨보았어요. 사람들과 얼굴을 맞대고 이야기를 나누며 정겹게 먹던 분위기와는 사뭇 달랐어요. 가끔 비어 있는 앞자리가 여전히 허전했지만 따끈한 삼계탕의 진한 맛을 음미하며 더 맛있게 먹을 수 있었고 내가 보고 싶은 유튜브 채널을 보면서 먹기 시작하자 혼밥도 그리 나쁘지 않네요. 하지만 사람들이 점점 많아지기 시작했고, 결국은 음식물이 넘어가는 목구멍이 좁아지기 시작했는지 헛배가 불러 더 이상 먹을 수가 없었어요. 저는 삼계탕을 반밖에 먹지 못하고 일어섰답니다.

혼밥 다음에 도전한 것이 혼자서 카페에 가기였는데요, 책을 들고 창가에 자리 잡고 앉아 따뜻한 아메리카노를 주문했습니다. 오전에 방문한 카페는 조용했고 한산했어요.

책을 펼치고 읽기 시작해봅니다. 꿈에 그리던 시간을 즐기고 있으니 엉덩이를 받치고 있는 평범한 원목 의자는 폭신한 구름처럼 몸에 꼭 맞고 기분이 너무 좋은 거예요. 다른 것에 마음을 빼앗기지 않고 그 순간을 즐기려고 노력해보았는데요, 순간 멀리서 아는 사람의 얼굴을 발견했어요. 그 얼굴을 보는 순간 구름처럼 포근했던 의자는 가시방석이 되어 찌르기 시작했고요, 글자가 하나도 눈에 들어오지 않았어요. 저는 그대로 책을 덮고 카페를 나갔습니다. 혼자 책을 보는 그 시간이 달콤했는데 말이죠.

첫 도전은 실패였지만 다시 용기를 내보았어요. 다시 카페에 갔고 다시 책을 펼쳐들었어요. 역시 처음이 어렵지, 두 번째는 제법 편안해졌어요. 묘한 여유가 흘러나오는 거예요.

그때, 내 옆 테이블에 두 명의 엄마가 마주앉아 이야기를 시작합니다.

서로의 이야기를 들으며 고개를 끄덕이기도 하면서 열심히 들어주는 모습을 보았어요. 열심히 고개를 끄덕이며 들어주고 있는 한 엄마의 모습 속에서, 내 모습이 오버랩되었어요. 어쩐지 피로감이 몰려왔어요. 사실 내가 하고 싶은 이야기를 쏟아놓고 있을 때는 신나지만 듣는 사람 입장에서는 꽤나 힘든 노동이에요. 말하고 나서는 개운했던 적이 있나요? 말하고 나서도 남아 있는 찝찝함과 해소되지 않은 갈급함은 더 크게 찾아오지 않았던가요? 신나게 털어놓고는 정작 돌아서면 너무 내 마음을 보였나 싶어 후회하기 일쑤였으니, 그 피곤한 자리에서 벗어나, 혼자만의 시간을 즐기고 있다는 사실에 잠깐 신이 났어요. 그제야 비로소 자유함을 느끼게 되었습니다.

온갖 연결고리를 다 찾아 걸어 엄마들과의 만남이 시작되었어요.

내 아이와 유치원이 같은 엄마. 어린이집 같은 반 엄마. 교회 안에 다양한 모임들, 초등학교 같은 반 엄마들의 모임이 하나 둘 늘어갔어요. 아이가 셋이다 보니 모임은 세 배가 되었죠. 월 화 수 목 금, 회사에서 바쁜 남편보다 내 눈썹이 더 휘날렸어요. 스케줄이 빽빽하게 들어찼고 도무지 내 시간이라고는 없었답니다. 만남을 놓치고 싶지 않았고, '하루만 쉬고 싶다'는 생각이 절로 들면서도 그 자리를 지켰어요. 그런 모임들은 대개 어쩔 수 없이 대형을 이루게 되는데요, 마음이 맞는 엄마들끼리 또 다시 소모임으로 추려집니다. 그러다 보니 모임이 정말 많아지더라고요. 그런 자리에서 이야기하고 주도하는 사람은 늘 정해져 있었고, 저는 사람과 사람 사이에서 오고가는 잡다한 이야기를 듣고 맞장구치며 그저 헛되이 앉아 있을 뿐이었죠.

왜 그렇게 기를 쓰고 엄마들을 만나고 다녔는지 지금 생각해보면 잘 이해가 되지 않지만 그땐 참 색다른 즐거움이었어요. 맛집을 찾아다니며 맛있는 음식을 두고 담소를 나눈다는 게 육아 이야기가 전부였지만요. 그 당시 아이들이 하원하기 전까지 허락되는 짧은 시간 동안 우리에게 주어지는 즐거움은 육아의 고단함이 해소되는 가장 큰 행복이었습니다. 시시콜콜한 아이들 성장 이야기, 엄마로서의 어려운 숙제들, 살림살이의 어려움, 남편을 향한 원망 등 우리에게는 모두 함께 공감하고 소통할 수 있는 공통점이 있었고, 그 공감대는 막강한 무기가 되어주었어요. 서로의 모습을 바라보면서 나만 어렵고 힘든 게 아니었다는 사실에 위로를 얻고, 나보다 부지런하고 성실하게 사는 엄마들을 보며 도전을 받기도 했죠. 하지만 그렇게 만나고 나면 순간 즐거울 뿐이지 헛헛함은 더 커져갔고 무엇보다 피곤해지기 시작합니다. 이렇게 수다를 떨고 앉아 있는 것이 에너지 소비가 은근 높은 일이라며 우리는 서로 웃어댔어요.

많은 관계를 정리하고, 혼자 있는 시간, 진정한 나를 만나다

　그렇게 관계를 맺어나가며 알게 된 엄마들 사이에서 자연스럽게 빠져 나오게 된 저는 혼자 있는 시간, 책과 글쓰기에 더 푹 빠지게 되었답니다.

　사람들과 어울리는 시간보다 혼자 있는 시간이 많아지던 그때, 북적이던 시간들과 상반되는 외로움이 밀려오기도 했지만 그래도 늘 책과 함께였어요. 책과 글쓰기를 하며 혼자 있는 두려움이 사라져가고 그 시간을 통해 비로소 진정한 나를 만날 수 있었답니다. 엄마들과 북적이며 어울리던 그 시간엔 절대로 누릴 수 없고, 찾을 수 없었던 나 자신과 만나게 된 거예요.

　나 자신과 만난다는 것, 어떠신가요?

　어떤 느낌일 것 같으세요?

　많은 사람들이 나에 대해서 잘 알고 있다고 생각하지만 실상은 그렇지 못합니다. 나에 대해서 좀 알자면 다른 사람과 조금 떨어져 혼자 있는 시간이 주어져야 하는데, 우리는 그 시간을 별로 좋아하지 않습니다. 다른 사람과 어울리면서 나의 색다른 모습을 찾을 수도 있지만, 그건 내면의 진정한 모습이 아니에요. 그 상황에 맞게 연출되는 모습일 뿐인 거예요. 그런 시간이 훈련되기 시작하자 저는 비로소 다른 사람의 시선과 생각에서 자유로워지기 시작했습니다. 다른 사람을 생각하고 연구하기 이전에, 나를 좀 더 돌아보고 나에게 집중할 수 있었죠. 나의 참 모습을 깨닫고는 연약한 내 모습까지도 보듬어줄 수 있게 되었답니다. 나 자신을 내가 사랑해주지 않으면 그 누가 진심으로 나를 사랑하고 아껴줄 수 있겠어요?

다른 사람은 다른 사람일 뿐입니다. 함께 공유하고 공감하고 소통하며 살아가야 하는 것도 맞지만 너무 치우치지 않는 것이 좋다고 말하고 싶은 거예요.

누군가를 알아가는 시간은 특별합니다.

좋은 사람들과 교제를 나누는 시간을 늘 기다리고 있어요. 나와 다른 누군가에게 배우고 얻는 것들이 참 많습니다. 하지만 나 자신을 바르게 알아야 다른 사람을 이해하고 받아들일 수 있더라고요. 나 자신을 제대로 알지 못한 채 다른 사람을 받아주고 이해한다는 것은 사실 거짓일 수 있습니다. 혼자 있는 시간이 있어야 나를 제대로 알고, 남을 온전히 이해할 수 있게 되요. 그 시간이 외로워서 혼이 나기도 했지만요.

정작 나 자신은 신경도 쓰지 못하고 많은 사람들 속에 둘러싸여 나답게 살지 못하던 저는, 이제는 다른 사람과 어울려 지내는 것도 좋고, 혼자 있는 시간도 온전히 즐길 수 있게 되었습니다. 그런 시간은 다른 사람의 시선에서 조금 더 자유롭게 해주었어요. 혼자 있는 시간은 고독하고 외로운 것이 아니라, 나를 지치게 하는 세상 속에서 한 발자국 물러나 진정한 나를 만나고 나에게 집중할 수 있는 시간이 되어주었습니다. 스스로에게 반하고, 혼자 있을 때에도 빛이 나는 사람이 되고 싶어졌어요. 나를 찾아가는 여정을 그렇게 시작했습니다.

다른 사람의 시선에서 자유로워질 용기를 가지고 말이죠.

사람들은 말하기를 참 좋아하죠.

말하기를 좋아하시나요? 듣기를 좋아하시나요?

저는 말하기보다는 듣기를 좋아했던 것 같아요. 듣기를 좋아했다기보다는 다른 선택권이 없었어요. 시시콜콜 무언가를 털어놓거나 말하기를 좋아하는 사람이 아니었어요. 말하기 좋아하는 사람들의 이야기를 사심 없이 잘 들어주는 사람이었고 말수가 많지 않은 저는 그게 더 편했어요. 저는 그저 들어줄 뿐이었어요. 맞장구를 쳐주기도 하고 고개를 끄덕거리기도 하며 진심으로 들어줍니다.

말이 많지 않은 편이라 저보다 말수가 더 적은 사람과 있으면, 도무지 무슨 말을 해야 할지 모르겠어서 난감했던 적이 많았어요. 대화를 이어가는 것도 참 쉬운 일이 아니더라고요.

그렇게 제 옆에는 말 많고, 말하기 좋아하는 지인들이 몇 명 있었어요. 그들은 다시 저를 찾았고 저를 찾아 신세한탄을 늘어놓는 지인들이 몇 명 있었답니다. 우리는 대화할 때 다양한 이야기를 주고받으면서 서로를 조금씩 파악해보고 친밀감을 느끼기도 하죠. 나와 다른 모습을 보며 자극을 받기도 하고 위로와 공감을 얻기도 해요. 그리고 보통 사람들은 듣기보다 말하기를 더 좋아하는 것 같습니다. 반대로 말해보자면 말하는 것은 쉬운데 듣는 것은 참 어렵습니다.

잘 들어주는 것보다 중요한 건 진심으로 들어주기

저는, 제가 말하는 걸 좋아하는 사람들의 이야기를 잘 들어주는 편이라고 생각했는데요, 최근에 놀라운 사실을 알게 되었어요. 잘 듣고 있다고 생각했는데, 잘 듣고 있었던 것이 아니라 그저 듣고만 있었다는 사실을요.

자기 말만 늘어놓는 일방적인 대화들 속에 있으면서 참된 대화란 것이 어떤 것인지를 잘 몰랐던 것 같아요. 지금처럼 잘 들어주기만 해도 멋있는 사람이라고 생각했어요. 제가 경청을 잘하는 사람인 줄 착각했던 거예요. 다른 사람의 말을 잘 들어주고 있다고 착각하며 앉아 있었던 저에게는 그것이 없었어요. 진심으로 그 사람의 이야기를 듣고 공감하고 감정을 이입해보면서 경청하는 것 말이죠. 상대방은 그저 일방적으로 말했고 저는 그저 일방적으로 듣기만 했던 거예요. 눈만 마주치고 고개만 끄덕이고 있을 뿐이지 사실, 듣는 게 아니었어요. 머릿속에는 늘 딴생각들이 가득했거든요. 그렇게 미성숙한 상태로 사회생활을 했고, 엄마가 되어 새롭게 알게 된 만남 속에서 미성숙함은 부끄러움을 모른 채 그대로 드러났어요. 그땐 그게 잘못된 것인지 잘 몰랐는데요, 책을 읽고 글을 쓰다가 문득 알게 되었어요.

　나는 한 번도 진심으로 들어주고 소통하고 공감해보지 못했다는 사실을 말이에요.

　이제라도 알게 되었으니 반은 건졌다며 나 자신을 위로해보지만, 진심으로 소통하고 대화하는 것이 어떤 것인지 알게 된 저는 관련 서적들을 읽을 때마다 가슴이 저려왔어요. 지난날 저의 모습들이 너무 부끄러웠기 때문이에요.

　대화하고 서로를 알아가고 탐색전을 벌이던 그 소중한 시기를 너무 헛되게 보냈고, 그들이 하는 말에 진심으로 공감하고 들어주지 못했고, 딴나라말 대잔치로 대화와 상관없는 엉뚱한 말을 툭툭 던졌던 저의 모습이 얼마나 부끄러웠게요. 주제와 관련 없는 이야기들을, 머릿속에 떠오르는 대로 아무생각 없이 해대고 있는 거예요. 대화가 이어지기는커녕 X맨 같이 대화의 흐름이 끊기도록 방해하기도 했어요. 그런 저를 남편이 가장 힘들어했던 것이 기억이 나네요.

　아이들에게는 오죽했을까요.

　아이들이 하는 말에 표면적으로만 답하고 반응했을 뿐, 진심으로 아이의 마음을 만져주고 들어주지 못했더라고요. 왜 이런 일이 일어났을까 생각해보고 돌아보았어요. 그리고 조금씩 알게 되었어요. 저는 그런 사랑과 공감을 받아본 적이 없었다는 사실을요. 혼자 고요한 시간 속에 고독을 즐기며 그 시간에 책을 보지 않았다면 저는 평생을 그렇게 철없는 어른아이의 모습으로 살았을 것 같습니다.

잘 들어주는 것만으로도 족하다고 생각했는데 제가 잘 듣고 있다고 생각한 것은 진정한 경청이 아니었던 거예요. 대화를 잘하려면 경청과 공감과 질문, 이 세 가지를 잘해야 하는데 이 세 가지가 참 쉬운 것 같으면서도 어렵습니다. 그래서 진지한 대화가 이루어지는 것이, 대화가 잘 통하는 누군가를 만나는 것이 어려운 것 같아요.

"물론 쉽지 않다. 자신을 내려놓아야 하고, 상대가 무슨 말을 하고 싶은지 알아야 한다. 또 그것을 알았다 하더라도 다그치거나 재촉해서는 안 된다. 스스로 말할 수 있게 편한 상태를 만들어줘야 한다."

강원국, 『강원국의 어른답게 말합니다』

진심으로 누군가의 이야기를 들어주는 것이 생각보다 쉽지 않아요. 말하기는 쉬운데 듣는 건 참 어렵습니다. 이야기를 듣고 있다 보면, 어느새 나의 경험이 머릿속에 막 떠오르기 시작해요. 어설픈 충고들이 목구멍까지 차오르기 시작합니다. 그 말을 생각 없이 쏟아내지 않고, 혓바닥 밑으로 잘 감춰두고 있는 것이 관건이에요. 사실은 매번 실패했지만요.

어려움을 당한 그들 앞에서 얼마나 다재다능한 해결사가 되어주었는지 몰라요. 사람들이 무언가를 이야기할 때에, 해결책을 바라고 고백하는 것이 아니잖아요. 들어주고 공감해주면 되는데 그게 참 어려운 거더라고요. 나도 자꾸 내 이야기를 하고 싶어지거든요. 해결책을 마음대로 제시해주고, 나의 경험을 뒷받침해주어 조언하기 시작하며 갑자기 대화의 주도권을 가져옵니다. 상대방도 그렇게 이 어려움을 헤쳐나갈 수 있을 거라 믿고 마음대로 경험담을 늘어놓는 거예요.

우리의 힘으로 해결하지 못하는 문제와 어려움을 만났을 때 그 어려움을 누군가에 말하고 싶어 해요. 말하고 싶어 하는 이유는 해결책을 얻고 싶어서가 아니라 위로받고 공감받고 싶어서잖아요. 진지한 소통과 대화가 오고가다 보면 해결책이 나올 수도 있지만, 그것 또한 말하고 있는 사람 스스로 찾아야 하는 거예요. 말을 하다 보면 실타래같이 엉켜 있던 생각들이 정리가 되고 다른 관점으로 보이기 시작할 때가 있더라고요.

그저 말하고 있을 뿐인데, 그것만으로도 이미 반은 해결된 것 같은 기분이 들 때가 있었어요. 상대방이 이야기를 할 때도, 그저 진심으로 들어주고 공감해주면 되는데, 단순한 사실을 알고 있으면서도 얼마나 많이 놓쳤는지요.

아이들이 말할 때도 마찬가지예요.

아이가 순간 느낀 감정에 공감해주면 되는데 얼마나 많은 훈수와 가르

침을 늘어놓는지 몰라요. 그게 아직은 미숙한 내 아이에게 도움이 될 거라고 생각하며 어쩌면 아이보다 더 미숙할지 모르는 제가 일장연설을 늘어놓기 시작합니다.

엄마들과의 만남, 탐색전, 호구 조사, 가정사, 결국은 험담으로 끝나다

지금까지의 만남은 그저 소소한 이야기, 잡답이나 나누며 시간을 보내는 것이 태반이었어요. 건설적인 대화를 나누고 싶어도 그런 상대를 만나는 것도 쉽지 않았습니다. 또, 같은 사람들과 자주 만나서 이야기를 나누다 보면 자연스럽게 대화 주제가 고갈이 될 때가 있습니다.

더 이상 화젯거리를 찾기 힘들어지면 자연스럽게 다른 사람이 화제에 오르게 되는 것도 참 문제인 것 같아요. 칭찬하는 말이 될 수도 있지만 화제에 오르는 건 대부분 연약한 모습이 아니던가요? 그것은 대화가 아니라 험담입니다. 우리가 즐기는 대부분은 대화는, 대화라기보다는 사실 험담일 수도 있다는 사실이 새삼 충격적이었어요.

엄마들과의 만남은 늘 설렘으로 탐색전을 시작합니다.
자연스럽게 나누기 좋은 화제 거리는 아무래도 아이들 이야기겠죠. 양육의 어려움, 아이의 문제, 아이와 있었던 일상생활 이야기, 학교 이야기, 학원 이야기 등 시시콜콜 일상이 오가며, 대단한 이야기도 아닌데 우리는 크게 반응하고 공감하며 즐거워합니다. 아이라는 공통된 화제가 있기 때문이죠. 여러 번 자주 만나, 아이 이야기를 하다 보면 이야깃거리가 바닥이 납니다. 아이는 쉽게 바뀌지 않고 상황도 쉽게 바뀌지 않거든요. 그럼 자연스럽게 끌어오는 것이 시댁 이야기, 남편 이야기예요. 남편이야기를 하며 우리의 대화는 절정에 다다릅니다. 어쩜 남자들이 그렇게 똑같은지, 남편에게 서운했던 것이 다소 해소되기도 하고 '내 남편은 그래도 양반이네.' 하며 위로를 받기도 합니다. 그 뒤로도 만남이 계속 이어지는 관계로 전환되면, 만났을 때 더 이상 할 이야기가 없어지는 거예요. 그러면 서로 알고 있는 사람들의 뒷담화가 시작되었습니다.

뒷담화만큼 이야기하기 좋고 재미있는 것이 사실 없는 것 같아요. 자연스럽게 다른 사람 이야기가 화두에 오릅니다. 서로 알고 있는 사생활을 오픈하며 퍼즐을 맞춰나가기 시작합니다. 좋은 이야기라면 좋겠는데요, 칭찬보다는 내가 알고 있는 그 사람의 연약함을 비밀스레 주고받게 됩니다. 오죽하면 친한 사람들끼리도 '자리를 비우면 안 된다'는 말이 나왔을까요. 그 자리를 비우면 자연스럽게 그 자리에 없는 내가 화제에 오를 가능성이 높아지니, 자리를 비우기가 어쩐지 늘 두려웠어요. 그건 진정한 대화가 아닌데, 우리는 대화한다고 만나서는 내 이야기보다는 주로 다른 사람의 이야기를 많이 하며 귀한 시간을 흘려보낼 때가 많았더라고요.

이제부터 말을 잘하지 못한다면 입이라도 잘 지키고, 듣기라도 잘 해야겠습니다.

지금까지 했던 '그냥 듣기' 말고요, 진심으로 공감하고 몰입하며 듣는 거 말이에요. 그게 훈련이 잘되면 대화를 잘 이끌어나가고 상대방이 편하게 말을 이어나갈 수 있는 분위기까지 만들어갈 수 있겠죠? 그러다 보면 다음 대화 주제로 끌고 나갈 수 있는 작은 힘도 생길 거예요. 질문을 계속 던지며, 말하는 사람이 신바람 나는 대화로 잘 이끌어나갈 수 있도록, 그 사람 스스로 문제를 해결해나갈 수 있도록, 저는 이전보다 더 잘 들어줄 수 있게 되면 참 좋겠습니다.

"은정이는 대화가 참 잘 통해."
"은정이를 만나서 대화하면 참 좋아."
"은정이는 참 잘 들어줘.
진심으로 공감해주니까 자꾸 말하고 싶어."

얼마나 듣고 싶은 말인지 몰라요. 그런 말을 들으려면 저는 이렇게 말해야겠죠.

"그래서 어떻게 되었어?"

"너는 그때 무슨 생각이 들었어?"

"정말 힘들었겠다."

"너무 속상했겠다."

"그래서 이제 어떻게 할 건데?"

묵묵히 들어주고, 진심으로 공감해준다는 것이 생각보다 참 어려워요.

누군가가 이야기하고 있을 때,

금방 딴 생각이 나기 시작하거든요.

진심으로 들어주고 계신가요?

그냥 듣기만 하는 거 말고, 공감하고 경청하고 질문하고 계신가요?

진심으로 내 마음을 공감해주는 누군가가 있나요?

그저 시시콜콜한 일상을 나누는 것 말고

누군가를 험담하는 것 말고,

건설적인 대화로 나의 문제를 해결하고

다른 사람의 문제가 해결될 수 있도록, 잘 들어주고 계신가요?

모든 것을 돌아보면 감사한 것뿐입니다.

하지만 늘 감사할 수 없는 것이 인간의 나약함이고 본성인 듯도 합니다. 감사가 넘치다가도 순식간에 내 안에 비교의식이 생기기 시작하면 불평불만도 함께 자라나거든요. 불평불만이 내 마음을 가득 채우면 어느새 고백했던 모든 감사들은 물거품처럼 사라져버리고 마는 거예요. 내안에 가득 찬 불평불만의 원인을 찬찬히 되짚어보니 불편함의 본질은 언제나 '비교'였습니다.

남들과 비교하면서, 그들은 가졌지만 나에게 없는 것들을 바라보기 시작합니다.

나에게 없는 것을 가진 그들을, 나에게 주어지지 않은 시간을 보내고 있는 그들을 부러워할 때 우리 너무 많잖아요. 남편과 내 아이들을 바라보고 있는 것도 비슷한 것 같아요. 사랑스럽고 존귀하게 여기며 지금까지 아프지 않고 건강하고 무탈하게 자라고 있는 것 자체가 감사하다가도 사소한 문제에 걸려 평안함을 빼앗기고는 합니다. 아이들에게 짜증을 내고, 화를 내고 있는 내 마음을 가만히 들여다보면, 그 불편함의 본질은 언제나 '비교'였던 거예요. 내 아이에게 없는 모습을, 내 아이의 부족한 모습을 바라보고 있을 때 그렇게 아이들에게 화를 내고 있더라고요. 아이에게 원하는 모습이 있는데 그 욕구가 충족되지 않았을 때, 아이들이 미워지고 말이 예쁘게 나가질 않았어요. 감사한 것이 많은데도, 사소한 일에 마음을 빼앗겨 감사를 놓칠 때가 얼마나 많은지를 돌아보게 되었어요.

왜 그렇게 짜증이 나고 화가 났어? 감사를 또 잃어버렸구나

그럼에도 불구하고 감사한 것은, 내가 지금 감사하고 있지 못하다는 사실을 비교적 빨리 깨닫기 시작했다는 거예요. 내 안에 감사가 사라졌음을 얼른 인식해보는 거예요.

그 감정에서 빨리 빠져나오려고 더 노력해요. 전에는 잘 되지 않았는데 부정적인 감정에서 벗어나는 속도가 점점 빨라지고 있다는 걸 느껴요. 아이들에게 짜증내고 있는 내 모습을 보며 얼른 도리질을 해보는 거예요.

'내 안에 감사가 또 사라졌구나.

또 비교하고 있구나.

그래서 내 마음이 이렇게 불이 나는구나.

나 또, 나에게 없는 무언가를 가지고 싶어 하는구나.

내가 가지지 못한 것을 가진 사람들을 부러워하고 있구나.'

내가 가진 특별한 것이 있습니다. 내가 남몰래 부러워했던 사람들은 내가 알지 못하는 저마다의 어려움이 있을 거예요. 스스로 만족하지 못한 모습들이 있을 거예요. 가지지 못한 그 무엇이 있을 거예요. 우리는 늘 단편적인 모습만 가지고 부러워하고 있는 거예요. 내가 가지지 못한 것을 그들은 다 가졌다고 생각하게 되는 거예요. 모든 것이 다 좋을 수 없죠. 모든 것이 다 완벽할 수 없습니다. 어느 한 가지를 가지고 있다면 부족한 것이 반드시 있기 마련이에요. 그게 공평하신 하나님의 섭리이고 세상의 이치라고, 그러니 비교하지 말자고 끊임없이 되뇌어보는 거예요. 주신 것에 감사하고 만족하고 살아보겠노라 다짐해보는 거예요. 그래서 나에게 없는 무언가를 가진 그들을 더 이상 부러워하지 않기로 했답니다. 나에게 있는 것에 초점을 더 맞춰보기로 했죠.

하지만 만족이란 것이 과연 있는 걸까요?
만족은 끝이 없습니다. 사람은 늘 무언가를 원하고 그것을 이루기 위해 노력하고 발전하며 어제보다 더 나은 모습으로 성장하게 되잖아요. 만족하지 못하고 무언가 더 갈망하는 마음은 반대로 유익이 될 수도 있습니다. 성장할 수 있는 통로가 되어줄 테니까 말이죠. 그래서 이제는 만족하지 못하는 내 모습을 자책하기만 할 것이 아니라 그 만족과 욕망이 불평불만이나 비교의식에서 오는 저급함이 아닌, 순전히 더 나은 나를 만들어가기 위한 발걸음이 되었으면 좋겠다는 생각이 들었어요. 내 남편에게 없는 부분을 들춰내며 싸울 것이 아니라, 내 남편에게만 있는 특별한 무언가를 찾고 기억하며 감사해보는 거예요. 아이도 마찬가지예요. 아이에게 없는 모습에 집착하는 것이 아니라, 내 아이에게만 있는 특별한 무언가를 찾아보고 그것에 집중해보는 거예요.

특별한 무언가가 우리 아이에게만 있습니다.

그리고 저에게는 어떤 사람도 가지지 못한 특별한 그 무엇이 있습니다. 모두 저마다의 무기와 매력이 있어요. 그러니 비교할 필요도 없고 주눅들 필요도 없는 거죠. 그렇게 재능이 다양한 사람들이 조화롭게 어우러져 서로의 부족함을 채워주는 아름다운 세상이 펼쳐지길 기대해보는 거예요.

잃어버린 감사를 찾고, 주신 것에 만족할 수 있는 통로. 감사노트 쓰기

저는 감사 일기를 매일 쓰고 있습니다. 매일 양치질을 하듯이 하루를 마감하며 꼭 써요. 하루라도 거른 적이 없어요.

매일 밤에 쓰지 못하면 다음 날 아침에라도, 전날 있었던 일을 곱씹으며 감사 제목을 하나하나 채워나가보는 거예요. 5가지 이상은 꼭 적으려고 노력하는데 적다 보면 10개 정도는 너끈하게 채워지더라고요. 아침에 눈을 뜨고 하루 동안 부족함 없이 입고 먹고 마신 것, 아이들과 보낸 특별한 시간, 그날 있었던 남편의 이벤트나 따뜻한 말들, 내 아이가 경험한 새로운 도전들, 사소한 모든 것을 감사함으로 기록합니다.

매일 똑같은 일상 속에서도, 그날에만 주어진 특별한 감사거리가 반드시 있더라고요. 감사함에 초점을 맞추다 보니 가진 것이 얼마나 많이 있는지를 절로 기억하고 느끼게 되었어요. 어느새 불평불만도 반으로 줄어들었어요. 그래서 저는 감사노트 쓰는 것을 멈추지 않습니다. 멈추는 순간 다시 감사를 잃을지도 모르겠어요.

오늘도 감사노트를 펴는 순간마저도 감사합니다.

기록하고 있다는 사실이, 부지런히 살아 움직여 오늘을 기록하는 저의 손길이 아름답고 감사한 거예요. 생각해보니 저는 꽤 행복한 사람입니다. 가진 것이 많습니다. 부족함도 아쉬움도 감사로 바꾸어 기록해봅니다. 그러다 보면 당시엔 크게 느껴져 상심이 되었을지 모를 일도 '그러려니…' 하며 가벼운 한숨과 몰려나가게 되더라고요. 감사노트가 주는 많은 유익은 우리 모두가 잘 알고 있지만 사실, 꾸준히 기록하기란 쉽지 않은 일이에요. 하지만 그 꾸준함이라는 좋은 습관을 유지시켜줄 수 있는 힘이 되어주기도 합니다.

무엇보다 감사노트는 비교하지 않을 특별한 용기를 줍니다.

나에게 없는 것에 초점이 맞춰지는 불평불만이 아니라, 나에게 있는 것에 만족할 수 있는 감사로 가득 채워져요. 그렇게 비교는 멀리하고 감사는 가까이할 수 있는 용기를 오늘도 내봅니다.

불평불만이 가득해지는 순간,
내 안에 감사가 사라진 거더라고요.
이유 없이 아이들에게 화를 내고 있는 순간,
내 아이에게 없는 모습을 찾으며,
다른 아이들과 비교하고 있는 거더라고요.
나에게만 주어진 좋은 것들이 많습니다.
나에게 없는 것에 초점을 맞추며 비교하지 말고,
나에게 있는 것에 초점을 맞춰보세요.
감사함이 절로 나온답니다.
불평불만이 사라진답니다.

예쁜 옷을 입고 예쁘게 꾸미는 것이 좋아요.

엄마도 여자니까 가끔은 나를 위해 옷도 사 입고 미용실에 가서 헤어스타일도 바꿔보고 부지런히 꾸며봅니다. 우리 모두 그렇게 예뻐진 내 모습이 좋잖아요!

미용실 갔다 온 날이 제일 행복했어요. 육아 스트레스를 미용실에 다녀오고 느끼는 산뜻함으로 해소하기도 했던 것 같아요. 의류비나 미용비로 나가는 크고 작은 지출 앞에서 침묵하고 애써 모른 척하기도 했어요.

이서윤 저자가 『더 해빙』에서 말합니다. 소비에도 신호등이 있는데, 초록불이 켜졌다면 합리적인 소비를 한 것이고, 빨간불이 켜졌다면 불필요한 소비를 한 것이라고요. 빨간불은 경고등을 울리며 우리의 비합리적인 소비를 지적하는 양심의 소리래요. 가슴이 두근거리고 이유 없이 불편해지는 거죠. 그걸 소비 신호등의 '빨간불'이라고 하더라고요. 미용실을 다녀오고, 옷을 사 입은 날이면 어김없이 빨간불이 들어왔어요. 명품가방이나 고급 의류를 사며 사치를 부리는 건 아니지만, 어쩌다 한 번씩 기분 좋게 사들이고는 지출되는 숫자 앞에서 가슴이 왠지 콕콕 찔리는 거예요.

아이들을 키우다 보면 후줄근한 티셔츠나 늘어진 바지를 입고 엉망이 된 머리를 미처 손볼 겨를도 없이, 그저 돈이 생기면 우리 아이들 뭐라도 하나 더 사주려고 애를 쓰는 헌신적인 부모의 모습은 다 옛날이야기인 것 같아요. 젊고 예쁜 엄마들은 유모차를 밀고 아이 손을 잡고 걸어가는 모습이 통 아이 엄마 같지 않아요. 갓난아기를 품고 있으면서도 말끔하고 세련된 모습이네요.

그래도 돈이 생기면 '자녀들이 필요한 것'을 먼저 떠올리고 채워줄 수밖에 없는 엄마입니다.

돈이란 것은 한정되어 있고 자녀들의 필요는 넘쳐나니 자연스럽게 엄마의 욕구를 포기하게 될 때도 있죠. 저도 마찬가지였지만 어느새 나 자신을 꾸미는 일에 인색하지 않기로, 이상한 마음을 먹게 되었는데요. 나를 꾸미는 일에 소비하는 게 육아 스트레스를 풀 수 있는 구멍이라고 생각했어요. 그래야 엄마도 숨 좀 쉴 수 있지 않겠느냐며 자꾸 나를 합리화하는 거예요. 미용실에 가서 새로운 헤어스타일을 연출하며 큰돈을 자주 지출하고, 예쁜 옷을 사 입고는 행복했던 엄마였습니다.

내면을 가꾸는 일보다 겉모습을 가꾸며 낮은 자존감을 채웠던 엄마

계절이 바뀔 때마다 옷을 사들였어요. 옷장을 보고 입을 만한 옷이 없다는 생각이 들면 제가 가장 좋아하는 소파에 벌러덩 누워 좋아하는 인터넷 쇼핑 사이트에 접속해봅니다.

눈여겨본 옷이 나에게 잘 어울릴까, 그 옷을 걸친 내 모습을 상상하며 머릿속이 쓸데없이 바빠졌어요. 나에게 잘 어울리는 옷을 빠르게 선택은 하지만 또, 과감하게 결제는 못 합니다. 쇼핑의 기술을 갖추지 못한 저는 오랜 시간을 여기저기 기웃거려보는 거예요. 마음에 드는 옷이 있으면 일단 장바구니에 죄다 담고 봐요. 그렇게 길고 긴 아이쇼핑의 여정을 마치고 결제하러 장바구니에 들어가보면 총 금액에 놀라 선뜻 결제 버튼을 누르지 못하게 됩니다.

다시 한 번 점검해봐요. '이 옷이 나에게 꼭 필요한지. 나에게 잘 어울릴 만한 옷인지.' 머릿속으로 그 옷을 입은 내 모습을 다시 그려보지만 도무지 쉽게 포기할 옷이 없네요. 다 가지고 싶어지는 거예요. 무엇 하나 포기하지 못한 채 다시 결제 버튼을 누르려고 하면 또 소비 신호등에 불이 들어오기 시작합니다.

경고음이 요란하게 울리기 시작해요. 콕콕 찔리는 양심이 '사지 말라'고 신호를 보내는 거예요. 지금까지 쇼핑에 공을 들인 시간이 아까워서 뭐라도 사야겠다는 욕구가 차오르기 시작하지만 일단은 후퇴합니다. 너무 커진 금액 앞에서 일단은 쇼핑몰 창을 닫아요. 이 과정을 몇 번 반복한 후에, 참고 참다 더는 못 참아지는 그때, 지금까지 참은 것에 대한 보상심리도 함께 올라오면서, 전에는 양심의 가책으로 선뜻 누르지 못한 결제 버튼을 통쾌하게 누르며 쇼핑을 즐겼으니, 저 참 피곤했겠죠?

왜 그랬을까 생각해보았어요.

여자도 엄마니까 예쁘면 좋다지만, 유난히 옷을 사는 시간에 많은 공을 들이고, 새로운 옷을 사들이며 행복해하는 저의 모습 속에서 낮은 저의 자존감이 떠올랐어요. 저는 낮은 자존감을 예쁜 옷으로 채우려고 했던 거예요. 예쁜 옷을 입은 나는 그 순간 자존감이 높아지는 거예요. 한두 번 입은 옷은 금방 싫증이 났고 헌 옷같이 느껴졌어요. 나를 더 빛나게 해줄 새로운 옷을 또 찾아 나섭니다. 내면에 아무것도 채워진 것이 없는 저는 그렇게 겉모습을 꾸미기에만 급급했던 거예요. 유행을 따르며 빨리 싫증이 날 수밖에 없는 옷으로 나를 가꾸며 만족했던 거예요.

유난히 시각이 잘 발달된 사람들 있죠.

다른 사람의 변화를 잘 감지하고 알아차리는 사람이요. 그 사람이 입고 있는 옷이나 가방 등을 유심히 잘 살피고 '예쁘다'는 생각이 머릿속에 떠오르면 부러워지는 거예요. 가까이 다가가 살갑게 표현하기도 합니다. "너무 예쁘다"면서 말이죠.

시각이 잘 발달된 사람, 저요. 바로 저였어요. 저와는 반대로 다른 사람의 외모나 옷차림에 전혀 관심이 없는 사람들도 있더라고요. 나도 그렇게 좀 무심했으면 좋겠다고 생각했죠.

부끄럽지만 고백해볼게요. 저는 그런 엄마였어요. 다른 사람도 많이 의식하고, 낮은 자존감을 예쁜 옷으로 채워나가며 겉모습만 꾸미기에 급급했던 그런 사람이었습니다.

책을 만난 후, 내면이 채워지기 시작하고 자존감이 올라가다

하지만 책을 만난 모든 사람들이 하나같이 고백하듯, 저 또한 책과 글쓰기를 만난 후 삶이 완전히 달라지기 시작했습니다.

처음부터 책을 좋아했던 사람이 아니었어요. 책 육아를 선택했고 '책 읽는 아이들'이 되길 바라는 마음에, 본을 보이고자 엄마인 저도 함께 읽기 시작한 거였어요. 일부러라도 책을 읽으려고 노력했고 틈틈이 책을 읽으면서 조금씩 훈련하기 시작했어요. 처음엔 그저 눈으로 글자를 읽는 것에 불과했어요. 책을 덮고 나면, 책장을 빛내주는 책 한 권이 늘어났다는 사실에 그저 흐뭇했죠. 열심히 읽은 책이 도대체 무슨 메시지를 담고 있는지조차도 파악하지 못했어요.

그래도 꾸준히 책을 읽다 보니 조금씩 변화되기 시작했는데, 어느 순간 저자의 의도가 파악되기 시작했습니다. 저는 그 메시지를 어떻게 내 것으로 만들지를 고민하기 시작하며 글쓰기를 시작했고, 독서의 세계는 더 풍요로워졌어요.

글쓰기는 고통스러운 작업이었어요.

뻣뻣하게 굳은 두뇌를 깨워야 했기에 잠자고 있던 내 머리는 '나 좀 그만 괴롭혀! 원래대로 편하게 살고 싶어.'라며 반항을 하기도 했어요. 그런 저를 잘 다독여 몰입해서 쓰다 보면, 어느덧 마지막 문장에 마침표를 찍는 순간이 왔고 쾌감이 절로 일어났습니다. 그렇게 나의 생각을 글로 표현하기 시작하면서 제 삶은 더 풍성해졌고 내면은 더 단단하게 채워져갔어요. 그렇게 저는 조금씩 달라지기 시작했습니다.

저에게 없던 책 읽는 근육을 만들어가는 시간이 녹록지는 않았습니다.

머릿속에 문장이 들어오지 않은 채, 무심하게 책장을 넘길 때도 많았어요. 주부로서 아이들을 키우며 집안 살림을 하면서 원하는 시간에 책을 펼치기란 쉽지 않았어요. 주부는 가족의 일상과 떨어질 수 없기에 책을 펼쳤다가도 금방 덮어야 하는 순간이 많았죠. 오롯이 나를 위해 책 한 권 읽을 시간이 많지 않다는 사실이 늘 안타까웠지만, 조금 느리더라도 한계를 인정하며 한 발 한 발 계속 내딛는 것이 중요하다고 생각했어요. 가끔은 무료하게 느껴지기도 했어요. 조금 더 생산적인 무언가를 해야 하지 않을까? 불안하기도 했죠.

이렇게 책 읽고 글 쓰는 시간이 나에게 어떤 큰 유익을 줄지 기대가 되면서도, 가끔은 '뭐 하고 있는 거지.' 싶은 순간도 많았어요.

책 읽고 글을 쓰면서 눈에 띄는 변화가 있으면 좋으련만, 여전히 아이들에게 반복적인 실수를 저질렀어요. 하지만 언젠가는 달라질 내 모습을 기대하며 놓치지 않으려고 노력했습니다. 그 모든 상황도 '과정'이라 믿고 버티고 있다 보니, 어제보다 조금 더 나은 나 자신과 마주하게 되었어요.

시간을 내어 책을 읽고, 틈새 시간에 책을 읽고 있는 내 변화를 보면서 어쩌면 책을 읽을 시간이 없다는 말은 '책 읽기 싫다'는 말과도 같다는 그 말이 이해가 되었어요. 열악한 조건이라도 의지가 있다면 책을 읽으려는 시간을 사수하게 되는 거죠. 그 시간을 확보하기 위해서 다른 잡다한 일들을 줄여나가야 합니다.

저에게는 어떤 시간이 줄어들었느냐 하면요, 이웃집 엄마들과 매번 반복되는 공허한 수다를 떠는 시간이 줄어들었어요. 꼭 필요한 것이 없는데도 아이쇼핑이나 인터넷 쇼핑을 하는 시간이 줄어들었어요. 혼자 있는 시간을 즐기게 되었고요, 혼자 있는 시간을 즐기다 보니 진정한 나 자신을 만나게 되었어요.

책 읽는 엄마가 되고나서부터 시작된 놀라운 변화들 중에 가장 큰 변화는, 저는 이제 더 이상 예쁜 옷에 집착하지 않게 되었다는 사실이에요.

예쁜 옷이 없어도 저는 정말 괜찮아졌어요.

아름다운 텍스트에 매료되어 내면이 조금씩 채워지기 시작하자 자연스럽게 보이는 것에 집착하는 것들이 사라지기 시작했죠. 나를 예쁘게 꾸미고 가꾸는 것도 좋지만 내면의 아름다움을 가꿀 때 내가 더 자연스럽게 빛난다는 사소한 진리를 몸소 체험하고 나자, 예쁜 옷이 없어도 빛나는 나를 발견하게 됩니다.

해가 바뀔 때마다 대대적인 쇼핑을 즐겼었어요. 그랬던 제가 작년에는 기본 티셔츠 하나와 편한 슬랙스바지 한 벌 산 게 전부였네요. 1년 동안 내 옷을 산 게 그게 전부예요. 내 옷장에는 생각보다 입을 만한 옷이 너무 많았어요. 조금은 낡은 듯해도 걸치고 나면 꽤 괜찮아 보이는 거예요. 후줄근한 옷을 입고 있어도 괜찮아졌어요. 오래된 옷인데도 막상 걸쳐보면 세월의 흔적도 별로 없고 촌스러운 느낌도 들지 않더라고요. 옷장을 둘러보며 옷이 없다고 생각하고는 결국은 비슷한 옷만 사들였던지라, 옷장에는 생각보다 입을 만한 옷이 많았고 오래된 옷도 걸쳐보니 꽤 괜찮았어요. 가끔은 남편 옷도 박시하게 소화해보기도 했습니다. 다 낡아 떨어진 캔버스 운동화를 바라보면서도 빈티지스럽다며 만족했어요. 저는 이제 어떤 옷을 걸치고 있더라도 괜찮아졌어요.

나를 돋보이게 해주는 아름다운 옷은 언제나 좋습니다.
하지만 내면은 채우지 않은 채, 겉모습만 채우는 것에는 한계가 있었어요.

저는 이제 예쁜 옷이 나를 빛나게 해주는 것이 아님을 알게 되었습니다. 내면을 아름답게 가꾸어주는 책 한 권을 들고 있을 때 내가 빛난다는 사실을 알게 되었어요. 작고 네모난 책 한 권이 가방에 담겨 있으면 나는 충분히 행복할 수 있게 되었어요. 예쁜 옷이 없어도 빛나는 나를 만나게 되었답니다.

예쁜 옷을 주기적으로 사며
겉모습을 꾸미기에만 바빴던 제가,
내면을 단단하게 다지는 일에
마음을 쏟아 보네요.
책이 주는 수많은 선물 중,
가장 반갑고 좋은 변화예요.
아름다운 내면을 가꾸는 삶이란
이런 것 아닐까요?
책 속의 한 줄을 곱씹으며 내 삶에 적용해나가기 시작하자
내면이 단단해지고 낮아진 자존감이 높아지기 시작했거든요.

엄마의 꿈은 거실에서 이루어졌다

당장 가계부를 써야 하는 이유

막내를 출산하고 집에서 몸조리를 하던 그때, 좀 특이한 산모 이모님을 만나게 되었어요.

따뜻한 미역국과 산모 회복에 좋은 갖가지 반찬을 푸짐하게 차려주시던 그분은, 저와 이야기 할 기회만 생기면 늘 같은 스토리를 늘어놓으셨는데요, 자신은 월세로 고정된 소득이 들어오고 있고 주식으로 큰돈을 벌고 있고, 산후도우미 일은 그냥 적적해서 하는 거지 돈이 필요해서 하는 것이 아니라고 하셨어요. 그러시냐며 고개를 끄덕끄덕 해보기는 했지만, 저는 이상한 반감이 들더라고요. 주식에 '주' 자도 모르고, 돈이 돈을 일하게 하는 재테크의 '재' 자도 몰랐던 저는 '괜한 자격지심에 저러시나 보다.' 하며 한 귀로 흘려보냈죠.

그런데 그분이 들려주는 스토리를 들어보니 괜한 말을 지어내시는 건 아닌 듯했어요. 집을 무리하게 팔긴 했지만, 그 돈으로 다른 집을 매매해서 수익을 냈고, 신용카드에서 벌벌 떨며 현금서비스를 받아 주식에 투자했는데 대박이 났고, 신용카드 빚은 바로 갚고, 그 수익으로 주식을 조금씩 사들이기 시작해 현재는 많은 주식을 보유하고 있다는 그분의 스토리는 말 그대로 인생역전이었어요. 틈나는 대로 증권회사 앱을 열어서 안경 너머로 주식의 등락을 확인하는 모습을 저는 자주 보았어요. 몸조리하느라 정신없고 고단한 나에게 이분은 자꾸 왜 이런 이야기를 들려주시지 싶으면서도 호기심이 생기는 거예요. 주식을 안 하고 있던 저에게 '저 주식에 무지한 산모가 당장 주식을 하도록 만들어라.'라는 미션을 받고 온 사람처럼 강조하셨어요. 그분이 강조하는 건, '현실에 안주하지 말고 돈이 있으면 무조건 재테크하라'는 것이었어요. 나쁘지 않은 조언이죠.

재테크 서적을 끌어안고 경제관념을 키우기 시작하다

경제관념이 제로인 저는 신세계를 경험한 듯했어요. 신세계에 대한 정보가 전혀 없으니 공부를 좀 해야겠다는 생각이 들었습니다. 막내가 젖먹이일 때 로버트 기요사키의 『부자아빠 가난한 아빠』를 읽고는 충격을 금치 못했어요.

저와 저의 남편은 저자가 말하는 '가난한 부모'였기 때문이에요. 우리가 처한 상황도, 우리가 가지고 있는 마인드도 부정할 수 없었어요. 저자가 말하는 가난한 부모는 영락없는 우리의 모습이었어요. 남편은 평범한 직장인이고 고정된 월급으로 안정감 있게 생활하고 있었지만, 돈이 불어나는 수단이 전혀 없는 거예요. 다람쥐가 쳇바퀴 굴리듯 우리는 돈이라는 굴레에 갇혀 가난한 소비와 생활을 하고 있었습니다. 돈이 돈을 불러오는 시스템을 구축하라고 말하는데 우리에게는 그런 시스템이 전혀 갖춰져 있지 않았죠. 남편이 벌어오는 돈은, 한 달 꼭 맞게 필요한 것들을 제공해주었고 그게 전부였어요. 남는 돈도, 재테크를 할 수 있는 종잣돈도 없었습니다. 이래서는 안 되겠다는 생각이 들어서 일단 목돈을 마련하는 것에 초점을 두었어요. 목돈을 마련해서 주식에 발을 디디는 것이 첫 번째 목표였죠.

의지에 불타 있는 제 이야기를 듣고 근검절약에 눈이 밝은 남편은 시큰둥한 반응을 보였어요. 어느 남자들이 그렇듯, 남편 또한 주식으로 한번 크게 손절하고 손해를 본 적이 있었기에 주식에 대해서 회의적이었던 거예요. 주식 아무나 하는 거 아니라며, 그냥 아무것도 하지 말라고 저를 말리는데, 남편이 반대하자 겁이 나기도 했어요. 얻을 수도 있고, 잃을 수도 있는 무서운 세계라는 건 안 해봤어도 잘 알고 있었기 때문이에요. 재테크의 최종 목표는 주식이었고, 주식을 하기 전에 공부를 좀 해보자 싶어 관련된 서적을 읽어나갔어요. 다양한 금융서적과 경제서적을 읽으며 그때부터 저에게 없던 경제관념을 키워나가기 시작했습니다.

가진 게 없으니 가진 것에서 어떻게든 황금 알을 낳는 거위를 만들어서 아이들에게 가난을 물려주고 싶지 않아졌어요. 자녀들에게 손 벌리지 않고, 부족함 없는 노후를 준비해야겠다는 마음에 조바심이 나기 시작했습니다. 마음은 급한데 당장 할 수 있는 일은 없었어요. 아끼고 저축해서 종잣돈을 모으는 일밖에는 할 수 있는 일이 없었죠. 그래서 종잣돈을 만드는 일에 전념을 다했고 어느새 목돈 천오백만 원을 만들었습니다. 그때 차곡차곡 더 모았어야 했는데 저는 잘못된 우회전을 하게 됩니다.

때마침 코로나가 세상을 덮쳤고 주식시장이 난리가 난 거예요.

저는 이때가 기회다 싶었어요. 많은 개미들이 주식시장에 뛰어들었고 수익을 얻었어요. 코로나 여파로 하락했던 주식들을 미리 주워 담았던 개미들이 재미를 보았잖아요. 저 또한 수많은 개미의 일원으로 작은 돈을 쥐고 용기 있게 주식시장에 입문했고 주식시장은 말 그대로 날마다 불장이었어요. 매일매일이 뜨거웠고, 저도 모르게 뜨거운 불장에 열기 속에 빠져들게 되었어요. 초보가 감당하기에는 너무 뜨거운 불장이라는 게 문제였고, 그곳에서 저는 투자가 아닌 투기를 하게 됩니다. 그렇게 재테크 서적을 많이 보고, 투기가 아닌 투자를 해야 된다는 사실을 귀에 딱지가 앉도록 듣고 읽었으면서, 어느새 뜨거워진 불장 속에서 투자가 아닌 투기를 하고 있었던 거예요.

돈이 쉴 새 없이 올랐다 떨어졌다 했어요. 큰 수익을 보는 날이 많았죠.

힘들게 모아야 하는 수십 만 원이 너무 쉽게 통장의 잔고로 찍혔어요. 그러다 보니 돈이 돈 같지 않게 느껴지기 시작했고 돈의 개념이 무뎌지기 시작하는 거예요. 주식에서 수익을 내면 된다는, 한 방을 노리면 된다는 이상한 뼉이 생기다 보니 돈도 어쩐지 전보다 헤프게 쓰는 것 같았어요. 돈을 무심하게 쓰고 인식하기 시작하는 거예요. 불장이 식어갈 때쯤 그제야 저는 정신을 차리고, 안정된 회사에 투자하며 투기를 투자로 전환하기 시작했습니다. 크게 손해를 본 건 아니지만, 크게 이익을 보지도 못했어요. 그저 놀아났을 뿐이죠. 모든 것이 허무해졌지만 좋은 경험이었다고 생각합니다.

저는 더 공부를 해야겠다고 다짐했어요.

이미 많은 주부들이 재테크 서적을 읽고 있었고 주식투자를 안정적으로 하고 있었고, 부동산을 보러 다니고 경매할 물건들을 찾아다니며 발품을 팔고 있다는 사실이 보이기 시작했어요. 경제신문을 구독해서 매일 정독하며 세상의 흐름을 알고 이해하려고 노력했어요. 전업주부로서 남편이 벌어오는 한정된 소득을 지혜롭게 사용하고 싶어서 다양한 재테크 서적을 보았고, 읽다 보니 모든 재테크는 크게 세 가지로 압축된다는 사실을 알게 됩니다.

"아끼고, 저축하고, 투자하라."

이제 막 재테크에 입문한 저에게 필요한 것은 투자가 아니라 아끼는 것이 먼저였다는 사실을 뒤늦게 알게 되었습니다. 아끼는 것을 먼저 해야 하는 제가 투자를 먼저 했던 거예요.

그 뒤로 철저하게 아끼는 연습을 하기 시작합니다. 먹고 싶은 것, 사고 싶은 것을 참고 절제하기 시작했어요. 신용카드를 없애고 정해놓은 돈만 사용하는 훈련을 계속했어요. 기왕이면 현금을 인출해서 사용했고요, 매번 실패하더라도 끊임없이 다시 도전하며 가계부를 적었고 모든 돈에 이름을 붙여 따로 빼놓고 사용했어요.

처음에는 월급날은 한참 멀었는데 계획한 돈이 다 떨어지기 일쑤였어요. 충분하게 빼놓은 것 같은데도, 늘 돈은 생각지 못하게 지출되었고, 아꼈는데도 늘 부족했어요. 전에는 갖고 싶은 물건이 있으면 어떻게든 손에 넣고야 말았어요. 계획적인 소비란 없었습니다. 고가의 물건도 신용카드 할부를 이용하면 그만이었죠. 소비하기 좋아하는 엄마였기에 아끼고 참는 것은 생각보다 어려웠습니다.

늘 새어나가는 돈, 가계부를 쓰기 시작하자 손에 잡히기 시작하다

경제관념 제로에, 저축보다는 소비를 즐겼던 저였지만 새롭게 마음을 다잡으며 변화를 꿈꾸기 시작했습니다. 집밥을 부지런히 해 먹으며, 식비를 아꼈고, 가계부를 쓰고 필요한 물건들의 목록을 작성해 계획적으로 소비하기 시작했어요.

아끼고 절약하며 가계를 운영하던 중 어느 날 유레카를 외치게 됩니다. 가계부를 적고 있는데 돈의 흐름이 보이기 시작하는 거예요. 우리 집에서 돈이 어떤 줄기를 타고 흐르는지 큰 크림이 보이기 시작했어요. 고정지출로 얼마가 소비되고 식비로 얼마만큼이 소비가 되는지, 매월 지출되는 생필품 비용과 의료비, 아이들 교육비, 통신비는 얼마 정도가 되는지 파악하기 시작했어요. 고정 지출을 빼고 나면 남는 돈은 어느 정도 되는지, 이 남는 돈으로 얼마만큼 더 아끼고 저축할 수 있는지를 파악하기 시작했죠. 저축을 해서 묶인 돈이 되면 급하게 쓸 돈이 없어지는데 갑자기 생기는 지출은 어떻게 관리할 건지를 생각하며 비상금 통장, 여행 경비를 떼어서 분류해두기 시작했습니다.

아이들 방학에는 집에만 있을 수 없었으니 따로 지출 비용을 빼놓았어요. 주유비, 나들이 비용, 이 달에 있는 아이 생일잔치 때 사용할 식비, 생일선물비까지 다 계산해서 따로 빼두는, 전에 없던 치밀함이 생기기 시작했어요.

방학이다 보니 식비 부담이 높아지자, 한동안 놓고 있었던 블로그 체험단을 여기저기 신청했습니다. 아이들과 방문할 거라 가깝고 쾌적한 식당, 아이들이 좋아하는 메뉴로만 엄선해서 신청했고, 맛집을 골라 다니며 블로그 체험단으로 식비를 줄였어요. 식비가 눈에 확 띄게 줄었죠. 저렴하고 신선한 식자재가 있는 마트를 이용해서 냉장고를 채워둡니다. 다음 달에는 신학기를 맞이해 아이들 운동화와 새 옷을 지출해야 하는 것까지 계획해보는 거예요.

모든 돈에 이름을 붙여주고, 돈을 다스릴 수 있는 힘이 내 안에 길러지기 시작했는데, 이 모든 영광을 저는 가계부에게로 돌리고 싶습니다. 그래서 가계부를 적어야 하는 거고, 밀려서 잠시 놓게 되더라도 다시 볼펜을 쥐고 열심히 적어나가야 하는 거였어요.

SNS에 이런 저의 변화를 공유했는데요, 많은 사람들이 가계부를 잘 관리하고 있을 거라 생각했어요. 부끄럽지만 저의 뒤늦은 변화를 기록하고 공유하고 싶었던 건데, 생각보다 많은 사람들이 가계부를 쓰고 있지 않다며 반성의 댓글을 남겼어요. 이제 막 가계부를 쓰기 시작했다는 사람들도 참 많았어요. 아직 시작하지 않은, 이제 시작하고 있는 누군가에게, 내 글이 동기 부여가 되고 자극이 되어준 것 같아서 기분이 좋아졌습니다.

저는 이제 의미 없는 소비를 하지 않습니다.

나에게 꼭 필요한 것을 분별할 수 있고, 조금 더 참고 자제할 수 있는 능력이 생겨났어요. 아이들과 나들이를 즐길 때도 박물관을 즐겨 찾습니다. 박물관은 입장료도 저렴할 뿐더러 무료관람인 곳도 많아요. 내부는 유익한 내용으로 가득하죠. 박물관은 어디든 다 좋습니다. 내부를 둘러보며 몰랐던 지식을 배우고 경험하고, 잘 조성된 광장과 야외정원에서 한바탕 신나게 뛰어놀면 그게 최고의 나들이가 되어주었어요.

전에는 비싼 키즈카페, 비싼 이색체험만을 찾아다녔는데, 이제는 전에 몰랐던 박물관 구석구석을 찾아봅니다. 아이랑 함께 유익하게 즐길 수 있는 박물관을 찾아다니며 식비도 아끼려고 노력해요. 박물관 갈 때는 무조건 김밥을 준비했어요. 이동할 때 차 안에서 먹기도 하고요, 오전에 박물관을 둘러본 후에, 기분 좋은 바람이 불어오는 야외 테이블에서 새벽에 직접 준비한 김밥을 아이들과 맛있게 먹었어요. 힘들고 지친 아이들을 데리고 식당을 찾고 방문하는 일은 생각보다 고됩니다. 박물관을 둘러보고 나와서 배고플 때 바로 먹는 김밥은 늘 맛있었죠. 돈으로 모든 것이 해결되는 상업적인 맛이 아니라 넉넉하고 행복한 맛이었어요. 나와 아이들은 유유히 박물관을 거닐며, 그때그때의 경험을 즐기고 함께 하는 모든 시간에 의미를 두었습니다.

저의 모든 변화는 책에서부터 시작되었습니다.

'쓰기만 하는 엄마'에서 '아끼고 절약하는 엄마'로 변할 수 있었어요. 책은 손을 내밀기만 하면 언제든지 친절하게 방법을 다 알려주었습니다.

읽고 새롭게 도전해보는 거예요. 실패해도 다시 도전하며 계속 방법을 찾아나갔어요. 매일 가계부를 쓰고, 혹시 놓치고 밀려서 잠깐 그만두게 되더라도 다시 가계부를 써나가며 지출과 수입을 정리했어요. 돈의 여정을 기록하기 시작하자 돈은 자신이 다니는 길을 보여주기 시작했습니다.

'내가 다니는 길이 이제 다 보이지? 이제 알려줬으니 어떤 길을 늘려야 하고 어떤 길을 줄여야 하는지 잘 고민해봐. 내가 다니는 길은 늘 넓어질 수도 있고 좁아질 수도 있어.'라고 말하며 친절하게 다가오기 시작하더라고요.

잡으려고 해도 잘 잡히지 않고 무정하고 차가웠던 것이 돈이었어요.

내 손에서 빠져나가느라 바쁘기만 했던 돈이었어요. 그런 돈을 관리할 수 있는 작은 힘이 길러지기 시작했어요. 돈의 소중함이 절실해지자 제가 느끼는 돈의 값어치는 상승하기 시작했어요. 돈을 소중히 여기는 사람만이 돈을 손에 쥘 수 있다고 하더라고요. 그렇지 못한 사람의 손에서는 돈도 그 마음을 알고 미꾸라지같이 빠져나간다는 거예요. 저에게 돈이 늘 그랬어요. 그랬던 돈이 '이제 너에게도 기회를 줄게. 나를 잡아봐.' 하며 자신의 정체를 보여주면서, 이제부터라도 잘 관리해보라고 다독여주는 것 같았어요. 탐욕적으로 바라보는 욕심과는 다른 마음이었어요. 기왕이면 주어진 돈을 값지게 사용해야 하는 거, 우리 모두 잘 알고 있잖아요. 그래서 저는 계속 읽고 쓰고 있습니다. 재테크 서적을 읽었고 가계부를 부지런히 썼어요. 이렇게 읽고 쓰는 힘은 무지했던 엄마를 살리고 변화시켰습니다.

개미와 베짱이 아시죠?
저는 완전 베짱이었어요.
재테크, 나쁘다고만 생각했는데요,
놀기만 했던 베짱이가 더 나쁜 거예요.
부지런히 쉬지 않고 일하고 준비하는 개미를 기억하며
오늘 더 아끼고 저축해서 투자할 수 있는 수단을 만들어
건강하고 행복한 노후를 만들어가야 하는 거예요.
가계부를 써야 돈이 흐르는 그 길이 보여요.
돈이 자신이 어디로 흐르는지, 어디서 새고 있는지 다 알려주네요.
그래서 가계부를 써야 하는 거였어요.

둘째 아이가 입을 비쭉 내밀고 시위하듯이 내 앞에 앉아 있어요.

그런 아이를 보자니 마음에 불이 붙기 시작했어요.

아이는 선물 받은 쿠키키트로 당장 쿠키를 만들고 싶은데 주재료가 되는 버터가 집에 없었어요. 만들지 못하게 되자 잔뜩 삐쳐 있는 거예요. 하필 냉장고에 왜 버터가 없는지, 마음 같아서는 당장 마트에 달려가서 하나 사오고 싶은데 그날따라 제 몸이 천근만근인 거예요. 그 버터 하나 사려고 나가야 하다니 너무 싫었어요. 이상한 오기도 생기는 거예요. 쿠키를 만들지 못해서 속상해하는 아이를 어르고 달래며 "내일 버터를 사올 테니 내일 꼭 만들자."라고 아무리 손가락을 걸어보아도, 아이는 속상한 마음을 쉬이 털어버리지 못합니다. 아이가 속상해하는 모습에 제 마음도 편치 못한 거예요. 그러면서 아이가 미워졌어요. 내 마음속에는 천사와 악마가 버티고 싸우기 시작합니다.

'잠깐 나가서 얼른 사오지 그래. 아이가 저렇게 속상해하는데' VS '엄마가 몸이 이렇게 힘든데 그걸 이해하지 못하고 입이 삐죽 나와서는, 내일 만들면 안 되는 거야?'라는 아이와 똑같은 이기적인 마음이 제 안에도 공존했어요. 참고 참았던 저는 결국 저의 입장만을 고수하며 아이를 책망하기 시작했습니다.

"하고 싶은 일을 다 하며 살 수는 없어. 네가 하고 싶은 대로 뭐든지 다 할 수 없는 거야. 금 나와라 뚝딱! 하는 것처럼 없는 버터가 나오면 좋겠지만, 지금 우리 집에는 버터가 없잖아. 엄마는 몸이 너무 힘이 들어서 지금 버터를 사러 나가지 못하겠어. 오늘 당장 쿠키를 만들고 싶겠지만 그럴 수 없는 상황이잖아. 좀 참을 줄도 알아야지."

네가 울면 엄마도 아파. 네가 웃으면 엄마도 좋아. 그게 가끔은 너무 힘들어

세상일이 내 마음대로 되는 것이 하나 없다는, 그 속상한 세상 이치를 어린 것에게 가르치고 있자니 마음이 더 불편해집니다. 화를 내고 있는 제가 너무 유치한 거예요.

아이 마음에 공감하다 보면 한도 끝도 없는데 그 과정이 가끔은 참 어렵습니다.

결국은 버터를 사러 가지 못하는, 아니 사러 가지 않는 엄마가 이겼어요.

그렇게 또 아이를 이겼습니다. 하지만 내내 마음이 좋지 않았어요. 저는 다음 날 오전에 바로 마트에 가서 버터를 사왔고 둘째 아이는 그렇게나 만들고 싶었던 쿠키를 만들 수 있었어요. 쿠키를 만들지 못해서 속상한 아이를 보며, 속상해하는 아이의 감정에 함께 휩싸여 저도 힘들었어요. 속상해하는 아이의 모습을 보는 부모의 마음이 편할 리가 없죠. 아이가 영 안쓰러우면서도, 유난히 자주 삐치는 것 같은 모습이 못마땅하기도 했어요. 부정적인 감정들만 내 안에 가득해졌는데, 아이 마음도 아마 비슷했을 겁니다. 아이의 입장에서는 '왜 쿠키를 당장 만들 수 없는 건지, 왜 우리 집 냉장고에는 버터가 없는 건지, 왜 엄마는 버터를 당장 사러 가지 않는 건지.' 서운한 마음만 가득했을 거예요.

다음 날 쿠키를 만들면서 행복해하는 아이를 보며 또 미안해집니다.
행복해하는 아이를 보며 함께 행복해집니다. 어제 쿠키를 만들고 싶었을 때 바로 만들었으면 더 좋았을 텐데, 안 겪어도 되었을 부정적인 감정을 아이의 마음에 잔뜩 집어넣어준 죄책감이 함께 밀려왔어요. 하지만 엄마도 사람인지라, 하고 싶은 일이 있고 하고 싶지 않은 일도 있는 거잖아요. 저는 버터를 사러 나가기가 너무 귀찮았고 몸도 안 좋았어요. 삐쳐 있는 아이의 부정적인 감정에 휩싸여 아이가 미웠고 마음이 불편했는데, 어느새 행복해하는 아이와 함께 행복해지고 이내 미안한 마음이 밀려옵니다. 쿠키를 만들며 재미있어하고 행복해하는 아이의 모습을 바라보고 있자니 어느새, 부정적인 감정은 다 사라지고 아이와 덩달아 행복해지는 거예요.

"고통에 공감하고 함께 짊어질 수 있는가? 가족이란 인연이 무엇이기에 마치 감전이라도 된 듯, 한 사람 한 사람의 불행이 내 불행으로 전이되는가."

홍창진, 『괜찮은 척 말고, 애쓰지도 말고』

홍창진 신부님은, 어린 시절 불우하고 가난했던 가정사를 떠올리며 "대체 가족이란 인연이 무엇이기에 마치 감전이라도 된 듯 가족 한 사람 한 사람의 불행이 내 불행으로 전이되는지 이해할 수 없었다."라고 고백했어요.

아이와 쿠키키트 하나를 두고 벌어진 수많은 감정싸움을 한바탕 치르고 난 뒤 읽게 된 이 문장은 잔잔하게 내 마음을 울렸습니다. 아이의 속상한 모습에 함께 속상했고, 아이의 화난 모습에 나도 화가 나고, 아이가 아프면 난 더 많이 아프고, 아이가 힘든 일을 겪고 있으면 내 가슴은 미어지고 찢어집니다. 아이가 기쁘면 나에게 무슨 일이 있었던지간에 모두 잊고 덩달아 평안해지는 거예요. 반대로 내 마음이 불편한 것이 가득하면 평안하게 지내고 있는 아이들에게 불같은 짜증을 쏟아냅니다. 아이들은 그야말로 아닌 밤중에 홍두깨를 만난 느낌일 거예요. 저의 욕구 불만은 아이들에게 그대로 표출이 되고 아이들은 불안함을 느낍니다. 그렇게 각자 다른 개인이지만 가족이라는 이름으로 감정의 끈이 전깃줄 같이 복잡하게 연결되어 있어 모든 감정에 서로 감전이 되어버리네요.

갑자기 숨이 턱 막혔어요.

가족 안에서 다양한 감정을 배우고 경험하는 짜릿한 전깃줄

가족이라는 이름으로 연결된 이 전깃줄이 버겁게 느껴졌거든요. 하지만 우리는 그 안에서 다양한 감정에 서로 감전되면서 많은 것을 배우고 성장하게 됩니다.

다양한 감정을 겪어내며 참는 법을 배우게 되는 거죠. 아이들의 부정적인 감정에 감전되어 마음이 불편해질 때도 있고, 아이에게 부정적인 감정을 흘려보내 자책하기도 합니다. 다양한 감정의 전기가 짜릿짜릿 흐르는 이 모든 시간들이 가끔 버겁기도 하지만, 이 안에서 서로 몰랐던 감정과 사랑과 용서와 이해를 더 배우며 자라납니다. 서로에게 상처를 주기도 하지만 언제 그랬냐는 듯 행복한 감정에 몸서리치며 잃어버린 감사를 되찾기도 합니다. 그렇게 생각하고 나니, 서로에게 감전되어 겪게 될 다양한 감정들이 꽤 반갑게 느껴집니다.

오늘은 아이들을 통해서, 남편을 통해서 어떤 감정을 경험하게 될지, 그 감정을 어떻게 다스리고 해결할지, 유익과 유해한 것을 어떻게 취하고 버릴 수 있을지, 조금은 기대하게 되었어요. 그 유익을 주고받을 수 있는 짜릿한 통로, 사랑하는 가족이 있다는 사실이, 불완전한 우리가 서로 의지하며 살아갈 수 있는 든든한 울타리가 있다는 사실이 얼마나 감사한가요.

    아이들과 남편하고 복잡하게 얽혀 있는 다양한 감정의 전깃줄이 우리를 옭아매는 끔찍한 것이 아니라, 우리가 더 사람답게 살아갈 수 있도록 도와주는 아름다운 힘이 된다는 사실을 마음에 새겨봅니다.

아이의 마음에 초록불이 들어오면

내 마음도 초록불이 되고

아이의 마음에 빨간불이 들어오면

내 마음도 빨간불이 되어 경고음이 요란하게 울립니다.

가끔은 너무 자주, 너무 쉽게 전염되는

다양한 감정의 선들이

불편하고 힘들기도 했는데요.

우리의 삶을 진정한 사랑으로, 인내로, 배려로

아름답고 완전하게 만들어가는

특별한 감전이었네요.

가족이라는 울타리 안에서만 맛볼 수 있는 특별한 유익이었네요.

　우리는 많은 것을 선택하며 살아갑니다.

　사소한 먹거리부터 시작해서 삶의 운명을 결정하게 될 크고 중요한 선택까지, 다양한 선택의 길에 놓이게 됩니다. 그리고 보면 인생은 늘 선택의 연속이기도 합니다.

　그 선택의 순간들이 모여 인생이 확장되어갑니다. 때로는 내가 원하는 길을 가더라도 실망할 수도 있습니다. 반대로 내가 원하지 않는 그 길에 생각지 못한 즐거움이 찾아오기도 합니다. 한 치 앞을 전혀 예측할 수 없지만, 늘 갈래길 앞에서 조금이라도 나에게 유익할 그 길을 찾아 나섭니다.

　저는 무언가 결정하는 게 가장 힘들었어요.

　맛있는 브런치 맛집에 들어가서 무얼 먹을지 결정하는 것도 저에게는 늘 곤혹이었죠. 무언가 새롭게 도전하는 것이 싫어서 항상 먹던 메뉴를 주문하기 일쑤였고, 남편과 데이트할 때 저에게 선택권이 주어지면, 센스 있게 주문하고 싶지만 잘 되지 않아 땀이 삘삘 났어요. 옷 하나 고를 때도 살까 말까를 고민하는 저에게는 눈썰미 좋은 지인이 척척 옷을 골라주는 쇼핑이 가장 편했고 성공 확률도 높았답니다. 그러다 보니 선택과 결정의 순간이 올 때마다 두려워지는 거예요. 사소한 먹을거리로 고민하고 있다면 그나마 양반입니다.

나의 불완전한 선택으로 내 아이가 걷는 길이 달라진다면

아이들의 문제를 두고, 엄마인 내가 무엇인가를 선택해야 하는 순간마다 제가 느낀 어려움이 얼마나 컸을지 짐작이 되시나요. 내 앞에는 늘 두 갈래의 길이 열렸고, 그 길이 모두 좋아 보일 때 선택은 더 어려워집니다.

한 쪽만 그럴 듯해보이고 다른 한 쪽은 '가봤자 뻔한 길'이라고 인생의 바람이 힌트를 던져주고 지나가면 좋으련만, 그 길의 끝에는 무엇이 있는지 도무지 알 수가 없어 막막한 불안감을 지니고 선택해야 하는 순간이 자주 왔습니다. 순간의 선택으로 내 아이가 걷게 될 길이 달라질 수 있다고 생각을 하면 너무 불안해졌어요. 내가 선택한 그 길을 아이와 함께 걷는 것이 늘 두려웠어요. 그저 아이와 함께 묵묵히 그 길을 걸으며 만나는 숙제를 해결해나가면 그만인데, 어떤 숙제를 만나게 될지 겁이 났어요. 내 아이가 불완전한 길보다는 안전함이 보장된 꽃길만을 걷기를 원했습니다. 그렇게 할 수 없는 것을 알면서도 말이죠.

늘 이렇게 무언가를 선택하는 것이 어려운 저에게 『여덟 단어』의 박웅

현 저자가 나지막하게 다가와 속삭여줍니다. 어떤 선택을 하든지 선택을 하고 나면 답은 늘 그 자리에 있기도 하고 없기도 한 것이라고 말이죠. 선택을 하고 나서는 뒤돌아보지 말고 '오늘을 살아가는 이야기가 되는 현재'에 만족해보라며 가만히 저의 어깨를 두드려주었어요.

다른 사람의 삶이 꽤 근사해 보일 때가 많은 것 같아요.

우월한 사람을 보며 열등감을 느끼기도 합니다. 하지만 나의 삶에 만족하고 현재 내가 걷고 있는 모든 시간을 존중하고 그 시간을 집중해본다면 사실, 열등감을 느낄 겨를도 없습니다. 완벽한 선택이란 처음부터 없는 것 아닐까요? 옳은 선택이란 우리에게 주어지지 않습니다.

무엇을 선택하든 선택을 한 후에는, 그 선택을 옳게 만들어가는 과정이 중요하다는 사실을 알게 되었어요. 알 수 없는 미래에 대해서 불안해하며 오늘을 놓치는 것이 아니라, 현재에 집중하며 현재를 즐기고 존중하는 삶이 훨씬 더 유익한 삶임을 깨달았습니다. 잘못 선택했다고 자책할 필요도 없는 거예요. 물론 자기 성찰과 반성의 시간은 필요하지만 지난날을 후회하면서 다시 오지 않을 소중한 오늘 하루를 놓칠 때가 얼마나 많았는지 돌아보게 됩니다.

여전히 선택의 순간이 다가오면 저는 또 다시 두려워질지도 모르겠습니다.

신중한 선택은 늘 중요해요. 대충 선택해놓고 현재를 즐기자는 말이 아닙니다.

불완전한 나는 여전히 완전하지 못한 선택을 할 수밖에 없다는 사실을 인정해 보는 거예요. 그리고 선택한 것에 후회하지 않고, 비록 올바른 선택이 되어주지 못했을지라도, 현재에 집중하며 다시 만들어가는 거예요. 불완전한 선택에 후회하는 것이 아니라 그 불완전한 선택까지도 다시 옳게 만들어나갈 수 있는 믿음을 가지고 현재에 더 집중해보는 거예요.

체르니 40까지 피아노를 배운 큰아이와 대화를 나누었습니다.

남자 아이 치고 피아노를 꾸준히 오래 배웠어요. 피아노를 향한 열정이 쉽게 사라지지 않아서 '아이에게 주신 재능인가? 피아노 전공을 시켜야 하나?'라는 고민에 빠진 적도 있었습니다. 처음 나간 콩쿠르대회에서 엄마 눈에 보였던 쟁쟁한 라이벌들을 다 제치고, 당당하게 입상하는 쾌거를 이루기도 했는데요, 그런 아이에게 우연히 '피아노를 칠 때 어떤 부분이 가장 좋고 재미있었는지?'를 묻자 아이가 고민 없이 대답합니다.

"손가락을 올려놓고 악보를 보면서 칠 때, 악보를 보든 보지 않든 순간적으로 '이게 맞나?' 싶은 생각이 들 때가 있거든? 그런데 의심하는 순간 틀리는 거야.

의심하지 않고 나를 믿는 순간 손가락의 위치가 틀리지 않아.

나를 믿고 내 직감을 믿고 피아노를 쳤는데 그게 맞았을 때, 그때! 기분이 너무 좋은 거야.

의심하는 순간 영락없이 틀려. 신기하게.

나를 믿었는데 그게 맞았을 때, 그때 기분이 너무 좋아."

오늘을 살아가는 이야기에 집중해보면 불완전한 선택도 괜찮아지는 거야

자신의 생각을 신이 나서 표현하는 아이의 말을 들으며 아이가 피아노를 치면서 그런 감정을 느꼈다니 참 기특했습니다. 그리고 '나를 믿었는데 그게 맞았을 때 느낀 희열과, 의심하는 순간 영락없이 어긋났던 손가락'에 잠시 멈춰 서서 생각해보았어요.

나를 온전히 믿고 내 손가락에 믿음을 실어 아름다운 소리를 내는 그 순간, 얼마나 짜릿했을까요? 물론 열심히 노력하고 연습했는데도 손가락은 제 자리를 찾지 못하고 다른 음을 낼 때도 있을 것입니다. 하지만 그래도 여전히 나를 믿어야 하는 거예요. 내 선택을 믿고 존중해줘야 하는 거예요. 내가 나를 믿고 존중하지 못한다면 그 누가 나를 보듬어준단 말인가요?

저는 그렇게 나 자신을 좀 더 믿어주고 불완전한 선택까지도 완전하게 만들어나가야 한다는 사실을 깨쳐봅니다.

　가보지 못한 그 길을, 알 수 없는 그 길을 두려워하지 않기로 해봅니다. 우리의 삶은 불완전한 것 뿐이니까요. 완벽한 삶을 사는 사람은 없는 거니까요.

　오늘 주어지는 모든 순간에 의미를 부여해보는 거예요. 불완전한 선택 속에서 여전히 불완전한 내가 선택하기 위해 사유하는 모든 과정까지도 그저 즐겨보는 겁니다. 정해져 있는 답은 언제나 없습니다. 정해진 답은 없는데, 만들어나가는 것인데, 왜 그렇게 정해지지 않은 답을 찾으려고 애를 쓰며 에너지를 낭비했는지요.

　그러고 보니 오늘 내가 만들어가는 모든 순간이 아름답고 빛이 나네요.

　나는 오늘도 생각할 수 있고 그럼으로 내가 존재하고 오늘이 존재하는 거니까요.

　내가 만들어나가는 모든 순간, 나의 모든 선택을 믿습니다.

　그것이 여전히 불완전할지라도, 나는 영원히 불완전할 수밖에 없음을 인정하며, 그럼에도 불구하고 나를 믿어주는 훈련을 계속하면서 용기 있는 발걸음을 내디뎌봅니다.

선택하는 순간이 가장 두려웠습니다.
불완전한 내가 잘못 선택할 미래가 늘 두려웠습니다.
불완전한 선택 속에서 넘어지고 좌절하기도 하며
그 시간 속에 있어야만 성장할 수 있는데 말이죠.
불완전함 속에서
조금씩 완전함으로 거듭나게 됨을 알게 됩니다.
오늘 주어지는 모든 것에 최선을 다해
부딪치고 넘어지며 다시 일어나 봅니다.
불완전한 순간과 완전한 순간이 어우러지면서
오늘을 살아가는 나만의 특별한 이야기가 계속 이어지고 있으니까요.

엄마의 꿈은 거실에서 이루어졌다

나 자신을 온전히 사랑하고 이해하고 있나요?

누구보다 나 자신에 대해서 잘 알고 있다고 생각할 때가 많지만, 많은 사람들이 정작 자신에 대해서 잘 모르는 경우가 많습니다.

진정한 나를 만나려면 우선 혼자 있는 시간이 좀 필요한 것 같아요.

혼자 있는 시간이 있으신가요?

사람들과 조금은 떨어져 혼자 보내는 시간이 있으신가요?

그런 시간이 아주 자연스럽게 찾아왔고, 그 시간을 통해서 내가 누구 인지 조금씩 알게 되고 내 속에 있는 진정한 나를 발견할 수 있게 되었어요. 독서를 하며 지식을 습득하고 버릴 건 버리고 취할 건 취하면서 나만의 가치관을 하나씩 쌓아올렸습니다. 글쓰기를 통해 내 자아를 찾았고, 쉽게 올라오지 않았던 내 안의 나 자신과, 그렇게 조금씩 교제를 시작했어요. 어린 시절 상처를 직면했고 눈물을 흘리며 보듬어줄 수 있었고, 그렇게 마음에 안 차던 나를 이해하고 사랑할 수 있게 되었습니다.

나 자신을 먼저 이해하고 보듬어줄 수 있게 되니, 다른 사람들과의 관계도 훨씬 수월해졌어요. 전에는 쉽게 상처를 받고 사소한 일들 앞에서 서운하기만 할 때가 많았는데요, 이제는 그러려니 이해하고 넘어가는 일들이 더 많아졌습니다.

나의 약함을 직면하고 그 약함까지도 보듬어줄 용기가 생기자, 다른 사람의 부족한 모습까지도 '그럴 수도 있지.'라고 생각하며 포용해줄 수 있는, 전에 없던 놀라운 힘이 생기기 시작했습니다. 우리는 우리 자신도 제대로 알지 못하면서 다른 사람을 이해하려고 노력합니다. 하지만 나를 알아야 다른 사람을 진심으로 알고 이해할 수 있고, 나 자신을 사랑할 수 없다면 다른 사람도 진심으로 사랑할 수 없다고 니체는 말합니다.

"자신을 제대로 알지 못하면 사랑을 사랑으로 느낄 수 없다. 사랑하기 위해, 사랑받기 위해 스스로 정확히 아는 것부터 시작하라. 자신조차 모르면서 상대를 알기란 불가능하다."

니체, 『아침놀』

스스로를 잘 아는 사람은 자기 자신을 진심으로 위로해줄 수 있습니다.

나 자신의 연약함을 직면하고 보듬어줄 수 있습니다. 그런 과정이 있어야 다른 사람을 진심으로 이해하고 헤아려줄 수 있는 거예요. 저는 이 모든 것을 독서와 글쓰기를 하며 성장하는 과정 속에서 만나게 되었어요. 나는 어떤 사람인지, 무엇을 좋아하는지를, 나를 들여다볼 용기가 도무지 나지 않았고요, 관심도 없었어요. 나 자신에게는 관심도 없으면서 다른 사람 일에는 얼마나 많은 관심과 열정을 쏟아냈는지요.

전에 가족 여행 중 괌 휴양지에서, 계단에서 넘어져 코뼈가 부러지는 사고를 겪었어요.

코뼈가 부러져 얼굴이 퉁퉁 부어 있는데도, 다른 사람이 그런 나를 어떻게 생각할지만 염려하고 있더라고요. 내 작고 여린 코뼈가 부러졌다는데, '어쩌다 코뼈를 다쳤대? 나이가 몇인데 뛰다가 계단에서 넘어졌대?'라고 수근 거릴 사람들의 시선과 말들이 몸서리치게 괴로운 거예요. 문득, 저 자신에게 너무 미안해졌어요. '아니, 너는 지금 네 코뼈가 부러졌는데 그게 중요해? 너 자신을 좀 돌보고 보듬어주란 말이야.' 내면의 또다른 내 자아가 보다보다 기가 막혔는지 한소리 하더라고요. 그렇게 저는 나 자신보다 다른 사람의 시선과 생각을 의식하며 줏대 없이 살았던 사람이었습니다. 내 삶은 내 것인데, 내 것이 아닌 내 것이었어요. 내 삶에 도무지 '나'는 없었습니다. 하지만 책을 읽고 글을 쓰기 시작하면서 조금씩 나를 알아가기 시작했고, 내가 몰랐던 새로운 모습을 찾아가기 시작했어요.

외로운 광야의 시간, 비로소 진정한 나를 만나다

혼자서 조용히 책을 읽고 글을 쓰기 시작하며, 그 시간에 푹 빠지게 되자 저는 자주 만나고 지내던 사람들과 조금은 멀어지게 됩니다.

그 시간은 조금은 외롭고 힘들었어요.

세상에 혼자 있는 듯, 고독하고 외로웠습니다.

그 시간이 저의 인생에 광야였던 것 같아요. 유익이라고 생각하면서도 어쩐지 외로워서 혼났어요. 이것이 진정한 유익일까 늘 번뇌했어요. 어쩐지 나를 세상과 뚝 떼어놓은 것 같은 느낌도 들었습니다. 나를 고독하게, 나를 낮아지게 하셨던 광야의 시간을 보냈습니다. 그 시간, 반드시 허락하시고 계획하신 뜻이 있을 거라고 믿으며 견디고 버티었습니다. 독서와 글쓰기가 너무 좋아 그 시간을 사수하면서도 외로움에 몸부림쳤던 시간들 속에서, 분명 그분께서 나를 빚어가고 만들어가고 계신 거라 믿으며 버텨냈어요. 그 시간을 독서와 글쓰기에 더 전념하며 깊고 푸른 지혜의 바다 속에서 헤엄칠 수 있었어요.

혼자 있는 시간을 잘 버텨냈더니 나의 내면은 어제보다 조금 더 단단해져 있었습니다. 전처럼 사람들에게 둘러싸여 있다면 절대 가질 수 없는 시간이었습니다. 이제는 혼자 있는 시간을 온전히 즐길 수도 있고, 좋아하는 사람들과 어울려 지내는 시간도 되찾았습니다. 그리고 시간이 주어진다면, 저는 이제 혼자 있는 시간을 더 선택하고 즐기게 됩니다.

더 높은 곳을 향한 마음의 근육 만들기

고요하고 평화로운 그 시간이 참 좋으면서도 혼자 있는 것에 익숙하지 않았던 그때, 때때로 고독함은 무겁게 저를 짓눌렀어요.

그럴 때마다 책 속의 저자들은 필요한 메시지와 지혜를 주었어요. 따뜻하게 다가오면서 '나도 그랬다'고 위로해주기도 하고, 힘 있게 다가오며 용기를 주기도 하는 거예요. 사이토 다카시의 『곁에 두고 읽는 니체』를 읽으며 니체의 사상을 배웠어요. 높은 곳을 향해 걸으라고 니체는 끊임없이 말합니다. 그 순간은 고통이 따르겠지만 그 고통은 마음의 근육을 튼튼하게 만들어주는 고통이라고 사이토 다카시는 덧붙여 설명하고 있습니다.

마음의 근육을 튼튼하게 만들어주는 고통이 있으신가요? 저에게는 독서와 글쓰기가 마음의 근육을 튼튼하게 만들어주었고, 사람들과 떨어져 지내는 외로운 시간이 마음의 근육을 튼튼하게 만들어주는 고통의 시간이 되어주었습니다. 더 높은 곳을 향해 걸어 나갈 수 있는 통로가 되어주었습니다. 나 자신을 더 돌아보고 만날 수 있는 시간을 확보해야 해요.

그래야 그 안에서 내면의 변화가 일어나고 나 자신을 온전히 사랑하고, 나와 다른 사람을 비로소 이해할 수 있게 되는 거예요.

 오늘도 내면의 깊은 나를 만나기 위해서 시간을 내어 책을 읽고 글을 씁니다. 온전히 나와 만날 수 있는 특별한 시간이니까요. 이 시간이 내 마음의 근육을 튼튼하게 만들어주었고 더 높은 곳을 향해 나아갈 수 있는 단단한 근육을 길러주었기 때문에 이 시간을 가장 사랑하게 되었어요. 지독하게 외롭기도 했던 그 시간은 마음의 근육을 튼튼하게 만들어주었습니다.

오늘도 많은 사람들 속에 둘러싸여 있었나요?
나 자신도 제대로 알지 못하면서
다른 사람을 이해해주려고 했나요?
내면의 소리는 외면하고
그들의 고충을 들어주고 있었나요?
나 자신을 온전히 알고 사랑하는 것이 먼저입니다.
그 과정 없이 우리는 다른 사람을 이해할 수도,
사랑할 수도 없는 거더라고요.
다른 사람을 이해하고 사랑하기 이전에
나를 먼저 이해하고 사랑해보세요.
그래야 다른 사람도 이해하고 사랑할 수 있는 거더라고요.
그러면 마음의 근육도 어느새 단단해지는 거더라고요.

감성으로 먹고사는 세상, 참 아름다워라

안 돼~ 그 불 끄지 마! 내 감성이야. 방해하지 마

어둑어둑한 새벽, 제 감성에 불을 지피는 간접등을 밝혔습니다. 그런 저의 감성을 무시하고 간접등이 전기세가 더 나온다며, 불을 끄려는 남편에게 다급하게 던진 말이에요.

저는 감성적인 여자입니다.

감성이라는 것이 어떤 때는 한없이 따뜻하게 느껴지기도 하다가, 어떤 때는 따라다니는 귀찮은 동생을 떼어내고 싶듯 거추장스럽기도 한데요. 나들이 계획이 없던 날, 화창하고 맑은 햇살이 창밖으로 쏟아지기 시작하면 볕 좋은 곳을 찾아 훌쩍 떠나고 싶어지는 감성적이고 즉흥적인 여자가 저예요. 예쁜 꽃을 보고 가슴이 벅차오릅니다. 꽃을 만지고 있는 내 모습이, 그 순간이 가장 아름답게 느껴져요. 다른 형태를 띠고 하늘을 가득 메운 구름 사이로 넘실거리는 석양이나 햇살을 넋 놓고 바라보며 잠시 황홀해집니다.

예쁜 공간을 그냥 지나칠 수 없고, 그 찰나를 꼭 남겨야 직성이 풀리는 저에게 남는 건 사진뿐인 거예요. 때로는 눈물이 차올라 구슬프게 목 놓아 울기도 합니다. 제 뺨을 타고 또르르 흐르는 눈물방울마저도 어찌나 아름답게 느껴지는지, 정말 못 말리는 아줌마죠. 내 일도 아닌 일에 왜 이렇게 눈물을 쏟고 있는지, 이웃의 아픔과 어려움을 생각하며 함께 아파해줄 수 있는 저만의 따뜻한 감성이 참 좋습니다. 이런 감성이 있는 것이 좋다가도, 영 울고 싶지 않은데, 눈물샘이 열리기 시작하면 '울지 마. 절대로 울지 마. 또 울지 마.' 아무리 주문을 걸어보아도 터져 나오는 연민과 감성에 저는 가끔 지치고 힘들기도 해요.

이렇게 지성보다는 감성으로, 이성보다는 감성으로, 논리적인 사고보다는 감성으로 먹고사는 여자가 바로 저예요. 이런 저를 가장 힘들어한 사람이 남편이었습니다.

그래요, 그럴 수 있습니다. 남편은 철저하게 이성적이고 현실적인 사람이니까 말이죠.

감성적인 저는 이성적이고 현실적인 남편 덕분에 현실의 감각과 상황을 더듬으며 그 이성을 의지하며 살아가고 있어요. 남편을 꼭 빼닮은 큰아이가 논리적인 사고와 변론으로 나를 몰아세워 가끔 숨이 턱턱 막히기도 합니다. 그래도 저는 이 특별한 감성을 존중해주고 이 감성으로 먹고 살기로 했어요. 지나치게 현실적이고 철저하게 이성적인 남편과 아들의 성원에 힘입어 말입니다. 그들에게 없는 감성을 저는 내뿜고, 저에게는 없는 이성을 그들에게 받아서, 서로의 구멍을 메워주며 살아가니 참 아름다운 관계가 아닐까요.

내 감성 살리기, 더 이상 거추장스러운 것이 아님을

새벽에 일어나 온통 한기로 뒤덮인 거실로 문을 열고 나왔습니다. 짙게 깔린 어둠을 바로 밝은 빛으로 바꾸고 싶지 않고, 조금 더 어둠에 적응하고 싶은 나만의 감성이 일렁이기 시작합니다.

이른 새벽, 졸린 눈을 비비고 더 자고 싶은 유혹을 이겨내고 나왔을 때, 좀 더 어둠을 즐기고 싶은데 빛이 필요한 순간이 있어요. 그때 필요한 것이 바로 간접등인 거예요. 어둠 속에서 은은하게 빛을 내는 간접등의 매력은 저처럼 감성적인 사람이 아니더라도 다들 좋아하는 거겠지만 특히 저처럼 감성적인 사람은, 온 거실을 환하게 비추는 하얗고 차가운 백열등보다는 은은하게 거실을 비춰 따뜻함을 주는 간접등을 더 선호할 거예요. 그런데 막상 우리 집엔, 간접등이 없네요.

아쉬운 대로 집 안 곳곳에 붙어 있는 간접등으로 나만의 감성을 살려본답니다. 책장에 붙어 있는 간접등과 싱크대에 붙어 있는 간접등 두 개로 어둠과 빛이 공존하는 시간 속에 감성을 불태워 글을 쓰고 있었어요.

현실적인 남편의 등장과 함께 나의 감성은 게 눈 감추듯 급하게 사라져버렸어요. 이런 간접등이 전기세가 더 나간다며 전부터 구박했던 남편이었거든요. 가끔 켜놓고 감성을 즐길라 치면 현실적인 남편은 전기세를 걱정하며 불을 꺼댔고, 불이 꺼짐과 동시에 제 감성도 함께 사라져버리는 거예요. 남편이 하도 싫어서 그냥 포기하고 살았는데요, 오늘은 큰소리를 좀 내봅니다.

"안 돼. 끄지 마. 여보.

이건 내 감성이야.

내 감성을 이제 방해하지 말아줘.

여보,

이제 고정되어 있는 지식과 정보가 아니라 따뜻한 감성이 사람의 마음을 움직이는 시대래. 나는 그런 감성이 넘치는 여자야. 그러니까 이제 내 감성 건드리지 마. 이 간접등이 내 감성을 살려준단 말이지. 나는 이 감성을 즐기고 살릴 거니까 이제부터 내 감성 건드리지 말아줄래."

현실적인 남편 앞에서 저의 감성은 지독히도 쓸데없는 것이었어요.

하지만 이제 그 감성을 좀 대우해주기로 했죠.

지성과 감성이 모두에게 있습니다. 고유하고 특색 있는 것이고 나만이 가지고 있는 것이며 다른 것으로 대체할 수 없는 것이에요. 인간의 고유한 지성과 감성으로만 할 수 있는 것들이 점점 사라지고 있는 아쉬운 과도기를 지나고 있습니다. 디지털 세상 속에서 많은 것들이 기계로 대체되어가고 있어요. 설거지도 기계가 하고, 빨래를 너는 수고도 없이 건조기가 다 말려놓습니다. 뽀송뽀송하게 잘 마른 빨래를 착착 개어서 옷장 안에 넣기만 하면 그만인데, 그것마저도 이제 귀찮아지는 거예요. 그래서 저는 오래전 고장 난 식기세척기를 고치지 않고 손으로 설거지를 합니다. 설거지를 하면서 좋아하는 교육 프로그램을 듣기도 하고 신나는 노래를 듣기도 하고, 부엌 창밖으로 펼쳐지는 작은 세상에 집중하며 사색을 즐기기도 해요. 오래 전 고장 난 건조기를 새로 고치거나 다시 구매하지 않았어요. 빨래가 다 되면 세탁기에서 빨래를 꺼내서 건조대에 착착 널어봅니다. 내가 오늘 이 수고를 감당할 수 있음에 감사하며 말이죠.

좀 더 손으로 글씨를 많이 쓰려고 노력합니다.

수기로 가계부와 감사노트를 쓰고 성경 필사를 합니다. 핑크색 일기장에 좋아하는 볼펜으로 일기를 쓰기도 해요. 기분 좋게 담겨진 밀키트나 편리한 배달음식보다는 냉장고에 있는 재료를 끄집어내서 부지런히 집밥을 지어냅니다. 기념일마다 꽃을 한 다발 사서 꽃병에 꽂으며 잠시 꽃이 주는 아름다움을 선물 받습니다. 저는 저의 감성을 더 사랑하고 즐기기로 했습니다.

전문적인 지식과 똑 부러지는 지성을 강조하는 좌뇌가 부각받던 시대를 지나, 이제는 감성만으로도 먹고살 수 있는 시대가 되었습니다. 감성 글귀 하나에 열광하고 감성 사진 하나 남기려고 저마다 사진 찍는 연습도 합니다. 좌뇌형 인간보다는 따뜻한 감성이 충만한 우뇌형 인간에게 더 매력을 느끼게 되는 시대가 되었다고 하니, 좌뇌보다는 우뇌가 더 발달된 저에게 어찌나 반갑고 기쁜 소식인지 모르겠어요. 감성이 전혀 없는 우리 남편 같은 사람은 좀 긴장해야 될지도 모르겠습니다. 거추장스럽게 내 곁에 붙어 있다고 생각하며 가끔은 쓸모없게 느껴졌던 이 감성을 좀 더 살려줘야겠어요. 내 곁을 아직 떠나지 않고 있어줘서 고맙다고 말하며 조금 더 키워주어야겠습니다.

사실 이렇게 말했는데도, 여전히 현실적인 남편은 전기세가 아깝다며, 나만의 감성을 더욱 키워줄 간접등을 부지런히 *끄고* 다닌 것은 안 비밀로 할게요.

오늘 손으로 무엇을 하셨나요?

기분 좋게 내 손에서 한들거리는 꽃도 한 번 만져보고

하얀 종이에 꾹꾹 눌러 나만의 글씨체로 무어라도 한 번 써보세요.

잠자고 있던 감성이 충만해질 거예요.

감성으로 먹고사는 저는

감성으로 먹고살 수 있는 시대를 반갑게 여기며

전에는 조금 귀찮게도 여겨졌던

나에게만 있는 감성을 더 키워나가봅니다.

나에게만 있는 지성과 감성으로

오늘도 따뜻한 이야기를 써 내려가봅니다.

밤에 불을 밝히던 엄마, 아침에 불을 밝히기 시작하다

아침잠이 정말 많은 저는 아침마다 열심히 울려대는 알림을 부지런히 꺼댔어요. 왜 맞춰놓았는지 모를 의미 없이 울리는 알람을 열심히 꺼가며 이불속의 포근함에서 쉽게 탈출하지 못했어요.

이불과 한 몸이 되어 침대 속으로 빨려 들어가는 그 느낌을 즐기는 게 너무 좋은 거예요. 알람소리에 다시 잠들었다 깼다를 반복하다가 일찍 일어나는 건 언제나 실패로 돌아갔습니다. 모든 엄마들이 가장 기다리는 그 순간 있죠. 아이들이 잠들고, 육아와 가사노동에서 탈출하는 달콤한 육퇴 말이에요. 아이들이 어릴 땐, 온전히 혼자 즐길 수 있는 그 시간을 기다리며 육아의 고단함을 버틸 수 있었던 것 같아요. 아이들이 잠들고 나면 방을 빠져나와 늦은 밤까지 환하게 불을 밝혔어요. 텔레비전이나 동영상 시청보다는, 하루 종일 읽고 싶었던 책을 실컷 읽었어요. 책을 보기도 하고, 미루어두었던 일들을 하나씩 하다 보면 금방 새벽 2시가 되어버렸고, 아쉬운 마음을 달래며 내일이 오는 것을 두려워하면서 억지로 잠이 들었죠.

늦게 잠이 든 저는 항상 늦게 일어났어요.

저보다 일찍 일어난 아이들은, 처음에는 자기들끼리 잘 놀며 저를 깨우지 않습니다. 하지만 하나 둘, 저의 단잠을 깨러 오는 아이들은 배가 고프다며 총공격을 동원해왔어요.

어느 날, 잠에 취해 이불과 한몸이 되어 쉽게 일어나지 못하는 제 모습이, 마치 게으르고 덩치 큰 곰처럼 끔찍하게 여겨지기 시작했어요. 아이들에게도 본이 되질 않으니, 패턴을 좀 바꿔봐야겠다는 생각이 들었던 찰나에, 책장에 꽂혀 있던 책 한 권이 눈에 확 들어오기 시작했습니다. 사이쇼 히로시의 『아침형 인간』이었죠. 타고난 아침형 인간인 남편의 서재에 꽂혀 있던 책이에요.

아침형 인간이 되어야겠다고 마음먹기 시작한 저에게 확실한 동기 부여가 되어주었습니다. 일찍 자고 일찍 일어나는 부지런함이 장수의 비결이라고 하잖아요. 현대사회의 다양한 질병의 원인들은 밤 문화가 발달하면서 생겨난 것이고, 밤에 불을 환하게 밝히는 현대사회의 발전이 몸과 마음을 병들게 하는 거라고 말하는데, 절로 고개가 끄덕여졌어요.

또, 밤에는 몸에 쌓인 피로가 풀리면서 감성적으로 변하게 되어 올바른 사고판단 능력이 현저하게 떨어지는데, 새벽에는 조금 더 이성적이고 합리적인 사고가 가능해진다는 거예요. 그래서 밤에 1시간 공부하는 것보다 아침에 10분 공부하는 게 훨씬 더 효과적이라는 사이쇼 히로시의 말을 듣고, 저는 그날부터 당장, 아침형 인간이 되기로 마음을 먹게 됩니다.

아이들과 함께 일찍 자고 새벽 5시에 일어났어요.

어? 생각보다 쉽게 눈이 떠지네요?

저는 그동안 나를 오해하고 있었던 것이 아닌가 싶었어요. 사실은 나도 아침형 인간이었을지도 모른다는 생각이 들 만큼, 새벽에 일어나는 것이 수월했죠. 책에서 읽은 효과와 유익에 대한 기대치가 올라가며 내 안에 확실한 의지가 있었기 때문일 거예요.

모두가 자고 있을 어스름한 새벽, 부스스 일어나 하루를 시작해봅니다.

짧은 기도와 함께 성경을 읽은 후, 읽고 싶은 책을 펴서 읽기 시작했어요. 밤에 푹 자고 일어나 새벽의 신선한 공기를 마시며 읽는 책은 밤에 읽는 것과는 확연하게 다른 느낌이더라고요. 밤에는 고단한 육아와 살림으로 모든 에너지가 고갈되어 쉬어야 마땅한데 억지로 피곤한 몸을 붙들고 있었으니, 그럴 수밖에요. 밤에 불을 밝히며, 피곤에 찌든 채 억지로 책을 붙들고 읽는 것과는 천지 차이였습니다. 신세계를 경험했죠. 맑고 상쾌하다는 기분이 이런 것이었구나 싶었어요. 여기까지는 참 좋았는데 문제가 생겼습니다.

너희들은 더 자도 되는데, 내 새벽 시간을 방해하지 말아줄래

내 빈자리를 느끼며 어린 아이들이 따라 일어나기 시작했다는 것이에요. 아이들은 새벽 5시에 부스스 눈을 뜨고 나와 함께 일어나, 그대로 잠이 깨어 놀이를 시작했어요.

아무리 더 자라고 밀어 넣어보고 타일러 보아도 아이들은 내가 없는 온기를 느끼며 기가 막히게 따라 일어났어요. 너무 어린 아이들이 나를 따라 일찍 일어나는 것이 신경이 쓰였어요. 같이 더 누워 있으면 아침 7시, 8시까지는 잘 자고 있을 아이들인데, 내 욕심으로 아이들의 잠이 갑자기 많이 줄어든 것이, 한참 자라는 아이들에게 좋지 않은 영향을 끼치게 될까 봐 불안해졌죠. 하지만 아이들도 아침형 인간이 되면 좋지 뭐, 하면서 일단 외면해보았습니다. 나를 따라 새벽 5시, 6시에 일어나는 아이들을 그냥 두었고, 책 읽는 엄마의 모습으로 테이블을 묵묵히 지켜나갔어요.

하지만 진짜 문제는 나를 따라 일찍 일어나는 아이들이 아니었어요.
저의 꿈 같은 새벽 시간을 도무지 보장받을 수 없다는 사실이 문제였습니다. 일찍 일어난 아이들의 뒤치다꺼리를 하느라 도무지 엉덩이를 붙이고 책을 집중해서 읽을 수가 없는 거예요. 어렸던 막내도 내 곁에서 종알거리며 내 손이 자꾸 갈 수밖에 없는 요구와 행동을 했기 때문이죠. 내 시간을 보장받을 수 없는 새벽 시간의 매력과 흥미가 확 떨어졌습니다. 내 시간이 보장되지 않으니 힘들게 일어나서 뭐 하나 싫어지는 거예요. 하는 수 없이 아침형 인간을 포기하고 다시 밤에 불을 밝히고 늦잠을 자기 시작했어요. 아이들이 조금 더 크면 다시 도전해보자며 저를 잘 달래 보았죠.

여기서 또 생각하지 못한 문제가 발생했는데요, 엄마는 아침형 인간을 포기하고 아침잠을 즐기기 시작했는데 아이들은 여전히 나보다 더 일찍 일어나서 하루를 시작하는 거예요. 이리 와서 누우라며 더 자라고 토닥이고 사정해보아도 아이들은 하나같이 일찍 일어났습니다. 일찍 일어난 아이들은 저희들끼리 알아서 잘 놀았어요. 한 아이가 일어나면 다른 아이들도 줄줄이 따라 일어나 자기들끼리 너무 재미있게 잘 노는 거예요.

그리고 보니 아이들은 나를 따라 일찍 일어나는 게 아닌 듯했어요. 아이들이 새벽에 일어나거나 말거나 저는 다시 늦잠을 자기 시작했거든요. 엄마는 다시 게을러졌는데 아이들은 그대로 아침형 인간의 삶을 살기 시작했어요. 오랜 시간 지켜본 아이들은 완벽한 아침형 인간이었어요. 아이들은 아침형 인간의 삶을 살기 시작했지만 저는 여전히 일어나지 못했습니다. 아이들이 배가 고프다고 번갈아가면서 깨우러 오면 마지못해 일어나는 거죠. 큰 몸을 일으켜 부수수한 모습으로 깨어난 엄마를 바라보는 아이들에게 또 다시 부끄러워지기 시작했어요. 우여곡절 끝에, 다시 또 도전한 아침형 인간의 삶, 그렇게 조금씩 만들어나갔습니다.

사실은 나만 빼고 모두 아침형 인간들이었다

오늘도 일찍 일어나는 아이들을 보면서 갑자기 남편이 생각났어요.
남편은 완벽한 아침형 인간이거든요.

더 자고 싶어도 새벽 4시만 되면 눈이 떠진다며 본인도 괴롭다고 합니다. 일찍 눈이 떠지니 당연히 일찍 자야 하는 거예요. 그래서 저희 집은 자연스럽게 밤 문화, 야식 문화가 없답니다. 일찍 자고 새벽에 일어나는 남편은 아침운동을 하고 공부를 하고 책을 읽습니다. 자기계발에 열심인 남편은 늘 새벽에 불을 환하게 밝혔어요. 직장생활하면서도 틈틈이 직장생활에 필요한 자격증을 따고 책도 정말 많이 본답니다. 남편이 늦잠 자는 걸 보질 못했어요. 술을 많이 먹고 들어와 기억을 전혀 하지 못하는 다음 날에도, 남편의 침대는 새벽에 비어 있었어요. 완벽하고 완전한 모닝루틴을 가지고 성실하게 살아가는 남편을 늘 존경했습니다. 그리고 이런 남편의 좋은 유전자가 아이들에게도 고스란히 전해졌구나 싶어졌어요.

저만 바뀌면 되는 거였어요.

생각이 정리가 되자 다시 새벽을 깨우기 시작합니다. 일찍 일어난 아이들을 따라, 일찍 일어난 엄마는 새벽에 책을 읽고 경제신문을 봤어요. 아이들은 그런 내 곁에서 주섬주섬 책을 보기도 하고, 놀기도 하고 해야 할 공부를 하기도 합니다. 일찍 일어난 큰아이에게는 아침 시간을 잘 활용해보라고 조언해주었어요. 아침형 인간의 유익을 아이에게도 늘 설명해주었죠. 새벽에 일찍 일어나 늘 무언가를 하고 있는 엄마의 뒷모습은, 나 자신에게도 유익이지만 아이들에게도 선한 영향을 끼칠 것이라고 생각했어요.

아침형 인간의 도전기는 그대로 성공했을까요?

아니죠. 40년을 넘게 아침잠을 즐기던 게으른 저였는걸요.

야무진 도전과 포부에도 불구하고 자주 실패했어요. 새벽에 잘 일어나다가도, 다음 날 원래 패턴대로 늦잠을 자기도 했어요. 내 몸이 쉽게 바뀔 리가 없었죠. 새로운 변화에 이리저리 반항하며 거부하기도 했고 결사반대, 그냥 전처럼 편하게 살기를 외치며 파업을 하기도 했습니다. 그래도 아침형 인간의 유익과 성장의 힘을 기대하며 실패와 반복 속에서도 끊임없이 도전했던 것이 중요한 열쇠가 되었어요.

잘 이어나가던 루틴은 겨울이 되면 한순간에 무너지기도 했습니다. 겨울엔 해도 늦게 뜨잖아요. 유난히 더 깜깜했고, 거실은 더 차가웠고, 전기장판은 더 따뜻했고, 아늑한 이불속의 달콤한 유혹을 이겨내기란 정말 쉽지 않았어요. 겨울 내내 포기하고 있다가, 해가 빨리 뜨는 여름에 다시 도전했을지언정, 포기하지 않았어요.

아침형 인간에 도전해보고 싶다면 겨울보다는 여름에 시작하는 것이 훨씬 더 수월하답니다. 절대로 겨울에는 시작하지 마세요. 그리고 무엇보다, 처음에는 반항하지만, 결국에는 백기를 들며 새로운 변화를 몸이 받아들일 때까지, 포기하지 마세요. 실패하더라도 다시 도전하는 것이 가장 중요하답니다.

수많은 어려움과 실패를 이겨내고 저는 이제 완벽한 아침형 인간이 되었어요. 딱 3년이 걸렸네요. 내 몸이 변화를 받아들이고 아침형 인간으로 거듭나기까지 수많은 실패가 있었습니다. 하지만 툭툭 털고 일어나 다시 도전했어요. 아침형 인간이 주는 활력과 신비한 힘을 기대하며 실패해도 다시 또 도전했죠. 하루 24시간은 생각보다 긴 듯해도, 어찌나 빠르게 지나가는지요. 시간은 정해져 있고, 하고 싶은 것은 많아지고, 아이들을 챙기고 살림도 해야 하는 저는, 책을 읽고 글까지 쓰기 시작하자 나만의 시간을 확보하는 것이 중요해졌어요. 책을 읽고 글을 쓰는 유익의 시간을 더 확장해나가야만 했죠. 그 시간이 내 안에 충족이 되어야 아이들에게도 더 집중할 수 있었고, 욕구 불만으로 인한 스트레스가 사라지는 거예요. 그래서 새벽 시간을 잘 활용해야 함이 더 간절해졌답니다.

40년 넘게 새벽 2시에 잠들고 아침에 겨우 일어나 하루를 시작하던 제가, 이제는 새벽을 깨워 이른 아침, 하루를 시작합니다. 밤에 불을 밝히는 것과 새벽에 불을 밝히는 것은 완전히 다른 것이었어요. 집중력이 더 향상되는 것이 느껴졌어요. 활력의 힘이란 것이 정말 대단합니다. 계획과는 무관한 삶을 살던 제가, 시간을 더 야무지게 사용하고 싶어서 시간을 관리하고 일정을 계획하기 시작합니다. 하루를 계획하며 꼭 해야 하는 일들을 기록하고 하나씩 처리해나가기 시작했고, 흐리멍덩했던 삶이 무언가 명확해지고 확실해지는 것 같은 변화를 맛보게 되었답니다. 그리고 놀라운 사실을 알게 된 거예요. 우리 집은 나만 빼고 모두 아침형 인간이었다는 사실을 말이죠. 뒤늦게라도 그 대열에 합류하게 되어 참 다행입니다.

처음부터 아침형 인간이 아니었던 저에게도

이런 변화가 찾아오네요.

모두가 마음만 먹으면 할 수 있어요.

의지만 있으면 할 수 있어요.

실패해도 다시 도전하면 할 수 있어요.

몸이 그 변화를 익힐 때까지

끊임없이 도전하면 할 수 있어요.

일단 하기만 하면 반은 성공입니다.

저를 보며 용기를 내보세요.

성장하는 엄마의 욕구, 아침형 인간으로 변화시키다

늘 작심삼일, 실패로 돌아갔어요. 하지만 그래도 제 안에 끈기라는 녀석이 있어서 참 다행입니다. 저에게 끈기가 있다는 사실을 노력형 아침형 인간이 되면서 알게 되었거든요.

앞에서 말했던 대로, 저는 아침형 인간이 아닙니다.

철저히 노력형 아침형 인간입니다.

평생 노력해야 할지 몰라요. 그래도 아침형 인간이 되고 싶어서 끊임없이 도전했어요. 늘 실패하기를 반복했지만 그래도 다시 도전하는 도전 정신을 잊지 않고, 내 안에 있었지만 저도 몰랐던 끈기를 발견하며 끈기에 힘입어 철저히 노력형 아침형 인간으로 살고 있습니다. 끈기도 중요하지만, 사실 제가 늘 갈망했던 성장과 가장 관련이 깊은 것 같아요. 전업주부지만 성장하는 엄마로, 더 멋진 엄마를 꿈꾸기 시작했거든요.

엔젤라 더크워스가 『그릿』에서 말하는 성숙의 원리가 저에게도 작용했던 거예요. 시간이 흐르면서 우리는 잊을 수 없는 인생의 교훈을 얻게 되고 그것을 성취하기 위해 점점 증가하는 상황의 요구에 맞춰 적응해나가기 시작하면, 점차 새로운 사고방식과 행동이 습관이 되기 시작한다는 거예요. 그러다 보면 이전의 미성숙했던 자신을 기억도 할 수 없는 날이 온다는 거죠. 그렇게 적응한 행동들이 반복되어 마침내 스스로를 변화시키는 새로운 정체성으로 발전하게 되는 것을 성숙의 원리로 표현하고 있어요. 저는 그 말의 원리를 몸소 체험하게 됩니다.

아침잠의 유혹을 이겨내고 마셔본 새벽공기는 무거운 밤공기와는 확연하게 달랐습니다. 모두가 잠든 밤에는 에너지도 고갈되어 어쩐지 처지고 무거운 느낌이었는데, 하루의 시작을 여는 새벽의 특별한 에너지는 온몸의 세포를 깨워 의식이 더 또렷해지는 것이 느껴졌어요.

다른 사람보다 먼저 하루를 시작한다는 쾌감도 이루 말할 수 없더라고요. 일찍 나는 새가 멀리 난다고 했고, 성공하는 사람 중 아침형 인간이 아닌 사람이 없기에, 저도 그 대열에 좀 합류한 것 같아 기분 좋은 우월감도 생겨났어요.

사람마다 각자 맞는 수면시간이 있다고 해요. 저는 최소 6시간은 자야 했고, 7시간을 잘 수 있다면 컨디션이 가장 좋다는 사실을 알게 되었어요. 무엇보다 밤늦게 자고 아침에 늦게 일어났을 때, 머리가 무겁게 아프고 몸이 천근만근이었는데 그 고통에서 해방된 것이 가장 만족스러웠습니다.

아침형 인간이 되며 삶을 맞이하는 자세가 달라지다

『돈의 속성』에서 이승호 저자가 알려주는 '부자가 되는 좋은 습관' 몇 가지를 적용해보았어요. '부자가 되는 좋은 습관' 말만 들어도 너무 설레지 않나요?

먼저 눈을 뜨고 일어나면 거실로 나와 온몸을 죽죽 늘이며 가볍게 스트레칭을 합니다.

평소에도 자주 기지개를 켜지만, 새벽에 눈을 떠 처음 맞이하는 기지개와 스트레칭은 또 다른 매력이 있어요. 오늘도 새로운 하루가 주어졌다는 사실에 감사하며 깊게 호흡을 해보는 거죠. 몸을 한껏 늘여보는 거예요. 늦잠을 자고 늦게 일어나면 스트레칭을 즐길 겨를이 어디 있나요? 여유롭게 몸을 늘이며 내 몸의 세포와 근육을 자극시켜주니 잠도 달아나고, 몸도 건강해진 느낌이 참 좋습니다.

아침에 일어나면 꼭 이부자리를 정리해요.

바로 하지 못하더라도, 아이들이 일어나면 꼭 이부자리를 정리합니다.

아이들에게도 부지런히 가르쳐줘요. 아이들은 큰 이불을 깔끔하게 개어내지는 못하지만 그래도 자꾸 해보는 거예요. 자신보다 큰 이불을 접는 걸 어려워해서 두 아이가 손을 맞잡고 이불을 개는 방법을 알려주었더니 좋은 습관 놀이가 되어주기도 했답니다. 이불을 개면서 끝을 맞붙

잡고 연신 깔깔거리며 즐거워하는 아이들의 모습이 보기 좋습니다. 학교에서 선생님과 친구들과 함께 주어진 일상에 최선을 다하고, 다시 이 자리에서 잠이 들 아이들을 떠올리며 정성껏 아이들이 일어난 자리를 정리해봅니다.

오늘도 처자식을 위해서 새벽 일찍 직장에 나선 남편에게 감사하며 남편이 누웠던 이부자리를 정리해요. 하루 종일 수고한 남편이 무탈하게 가정으로 돌아와 다시 이 침대에 편안하게 몸을 누일 수 있기를 바라면서, 남편이 눕고 일어난 자리를 감사한 마음으로 정리해보는 거예요. 『돈의 속성』이승호 저자는, 그렇게 자신이 자고 일어난 자리를 정리하는 것이 삶에 대한 감사의 표현이라고 했습니다.

삶에 대한 감사의 표현을 어떻게 하고 계신가요?

호텔 메이드가 정리해준 것처럼 자신이 자고 일어난 자리를 깔끔하게 정리하고, 하루를 근면성실함으로 보낸 후, 저녁이 되어 잘 정리되어 있는 잠자리에 들어가는 것. 생각만 해도 너무 감사하지 않나요? 전에도 청소하며 이부자리를 정리하긴 했지만, 이런 마음으로는 전혀 하지 못했어요. 그저 청소 중에 하나일 뿐이었죠. 우리가 눕고 일어나는 사소한 삶의 반복이 더 특별해지고 감사하게 여겨졌어요. 그래서 이부자리를 정리하는 시간이 참 좋아졌습니다.

아침에 일어나면 공복에 물 한 잔도 꼭 마십니다.

어김없이 새벽 5시에 일어난 남편이 늘 같은 시간에 정수기에 물을 따르는 소리를 잠결에만 얼핏 들었었는데요. 이제 저도 새벽 5시에 정수기에서 시원한 물 한 잔을 컵 안에 따라냅니다. 바라만 보아도 건강해지는 시원한 물 한 잔을 천천히 몸속으로 흡수시켜요. 그리고 성경책을 꺼내 읽고, 성경 필사를 합니다. 많이 쓰지는 못하지만 잠이 덜 깨 몽롱한 상태에서 하얀 백지에 말씀을 꾹꾹 채워나가는 성경 필사는 뇌에 자극이 되는 나만의 좋은 습관이에요. 무엇보다 하루의 시작을 다른 것에 양보하고 싶지 않은 나만의 믿음입니다. 이렇게 전에 없었던 좋은 습관으로 하루를 시작했답니다.

새벽, 맑은 기운과 에너지를 힘입어 글쓰기에 몰두하다

새벽 시간을 좀 더 특별하게 활용하고 싶었어요. 하루 24시간 중, 꼭 하고 싶은 일, 글쓰기에 우선순위를 두어 새벽에 글을 썼습니다. 새벽 공기의 특별함을 깨닫고는, 그 시간을 글 쓰는 시간으로 떼어두기 시작했어요.

매일 글을 썼어요.

매일 아침 브런치에 글을 발행했던 것이 본격적인 글쓰기 훈련이 되어주었고, 작가의 꿈도 은밀하게 꿀 수 있는 통로가 되어주었죠. 그때 매일 발행한 글을 바탕으로 이 원고를 완성했어요. 그저 무수히 쌓아놓은 글들이 이렇게 원고 쓰기에 도움이 되어줄 줄은 그때 당시 상상도 못했지만요. 그런 마음은 있었던 것 같아요. '작가가 되어 내 이름으로 책이 나온다면'이라는 기분 좋은 상상을 하며, 책으로 발행될 만한 수준의 글을 써보려고 노력은 했던 것 같아요. 여전히 '이런 글은 일기장에서 써야 하는 거 아닌가.' 싶은 그런 글을 쓰고 있는 나를 보게 되면 글쓰기를 그만두고 싶어질 때도 한두 번이 아니었습니다.

그래도 꾸준함이 무기라고 했던가요.

꾸준히 쓰다 보면 무지한 글쓰기 실력도 제법 구색을 갖추고, 다른 책에서 읽고 감명받았던 마음을 울리는 한두 문장이 내 글에도 나타나지 않겠느냐며 스스로를 위로했습니다. 꾸준함을 놓치지 않으려 애를 썼던 시간들이, 꿈꾸었던 시간들이 새벽에 본격적으로 그려지고 구체화되기 시작했어요. 그렇게 새벽을 글을 쓰는 시간으로 채워갔습니다. 새벽에 명료한 의식으로 글을 쓰는 것이 좋아서, 더 그 시간을 확보하려고 노력하다 보니, 어느새 저는 아침형 인간이 되었네요. 매일 숨을 쉬듯이 글을 썼습니다. 글쓰기 실력이 형편없더라도, 쓰다 보면 향상될 거라 믿으며 노력형 작가의 삶을 살게 되었어요.

놀라운 변화와 성장은 새벽에 이루어졌습니다

오늘도 저는 5시 30분에 일어납니다.

8시, 9시에 겨우 일어나 하루를 시작하던 게으름뱅이 엄마가 새벽 5시 30분에 일어나 하루를 시작합니다. 수차례 도전하며 실패하며 변화를 꿈꾸고 노력했어요. 그런 시간들을 지나면서 느꼈던 가장 중요한 한 가지는, 내가 설정한 나침반 방향을 바꾸지 않는 것, 그것이었어요. 비록 실패하고 또 실패할지언정, 다시 도전하는 끈기와 열정만 있으면 평생 못하던 일도 결국엔 해내게 되는 우리 안에 있다는 작은 거인이 제 안에도 정말 있더라고요.

저는 지금도 계속 만나고 있습니다. 아침형 인간이 되기 위해 노력하는 시간 말고도, 글을 쓰는 시간에도, 그 어떤 시간에도, 제가 마음먹으면 언제든지 말이죠.

오랫동안 살아온 패턴을 바꾸는 일은
생각보다 쉽지 않아요.
하지만 하려는 의지만 있으면
포기하지 않으면
실패해도 다시 도전하면
그때 찾아옵니다.
내 안에 모든 것을 갈아엎을 수 있는
작은 거인이 말이죠.
포기하지 않고 버티고 있으니까
잠자던 거인이 조금씩 깨어나기 시작하네요.

40년 만에 찾아온 놀라운 변화들

앞에서 실컷 이야기했는데도, 이야기할 게 아직 남았나 봅니다. 아침형 인간 이야기요. 아침형 인간이 아닌 제가 온전한 노력으로 새벽을 깨워 하루를 시작하는 변화의 파동은 저의 평범한 하루에 유익이라는 잔잔한 물결을 일으키고 있거든요.

그토록 좋아하던 아침잠을 밤에게 양보하고 닭이 새벽을 알리기 위해 지붕 가장 높은 곳을 찾아 목청 터뜨리며 울기 시작하는 것처럼, 핸드폰에서 요란하게 울려대는 알람 소리는 포근한 이불 속 유혹을 이겨내게 한 지 오래입니다. 알람을 무시로 끄는 행위도 많이 줄어들었어요. 우리의 몸은 참 신비하죠. 우리가 사용하고자 하는 대로 변화되고 고착돼요. 먼저 그 변화를 일으키려는 사고와 의지가 필요합니다. 그 과정에서 두려움은 용기로, 막막함은 담대함으로, 알 수 없는 실패의 확률과 모호한 도전은 점점 성공적으로 점진되어가면서 성취감을 느끼고 성장하는 거죠.

많은 사람들이 도전하지 않는 대부분의 이유는, 현재 누리고 있는 안정감 때문일 거예요. 우리 몸과 우리의 뇌는 변화를 참 싫어한다고 해요. 변화하려고 마음을 먹으면 부정적인 이유들을 먼저 떠올리면서, 지금처럼 편하게 살기를 고집하며 저항하게 된다고 합니다. 그것을 뛰어넘는 것이 참 중요하더라고요. 한 번 성취감을 맛보면 조금 더 고차원적인 계획과 도전으로 이어지는 것이 인간이 지닌 고유한 지성과 이성이라는 것을 잊지 말아야 해요.

처음에는 5시 30분에 일어나 하루를 시작하는 것도 만족스러웠지만, 막상 5시 30분에 일어나도 새벽 시간이 넉넉하게 느껴지지 않았어요. 더 갈급함이 느껴졌죠. 그러면서 필연적으로 들었던 생각은 '한 시간만 덜 자고 4시 30분에 일어나자.'였답니다.

이제 저는 4시 30분에 일어납니다. 조금 더 여유 있게 아침을 맞이하는 기도를 드릴 수 있고, 좀 더 성경을 꼭꼭 씹어 읽을 수 있고, 좀 더 정성스럽게 성경 필사를 꾹꾹 눌러 할 수 있게 되었어요. 그러고도 시간이 넉넉하니 글쓰기에 더 집중할 수 있는 거예요. 전에는 얇고 탱글탱글한 사발면이 씹지도 않고 후루룩 목구멍으로 넘어가는 듯, 그런 심정으로 후다닥 글을 썼다면 이제는 한 문장에, 글귀 하나에, 단어 선택 하나에 더 신경을 쓰며 정성을 들여봅니다. 어차피 더러워질 걸 알면서도 다시 청소기를 집어 들고 바닥을 걸레로 박박 닦아내며 윤기 나는 거실마루를 보며 흐뭇했던 것처럼, 오늘도 다시 엉망진창일 글을 써보고 정리해봅니다.

7시가 되면, 다 덮고 벌떡 일어나요.

하던 일을 정리하고 아이들 아침 식사에 정성을 담아요. 압력밥솥에 찰진 아침밥을 지어내, 아침밥을 든든하게 먹이려고 노력합니다. 일찍 일어난 뒤로, 아침식탁이 더 정갈해지고 푸짐해졌어요. 저 스스로 저의 꿈을 응원하고 지지하며 제 마음 밭을 잘 갈고 닦아, 정성껏 뿌려놓은 '엄마의 성장이라는 씨앗'에 물을 듬뿍 주었기 때문일 거예요.

이제 한시라도 빨리 잠자리에 드는 것이 중요해졌어요.

타고난 아침형 인간이라는 것이, 누군가에는 축복처럼 느껴지기도 하겠지만 누군가에는 괴로운 비애가 되기도 합니다. 남편의 이야기인데요, 남편은 새벽 4시 30분만 되면 눈이 번쩍 떠진대요. 그런 자신도 괴롭다며, 더 자고 싶지만 잠이 오지 않는 비애를 터놓으며 우리에게 늘 도움을 요청했습니다. 일찍 잠자리에 들 수 있기를 말이죠.

남편은 무조건 9시 30분에 잠자리에 들어야 합니다. 다음 날 새벽 4시 30분만 되면 눈이 저절로 떠지니, 일찍 자야 충분히 수면을 취할 수 있었던 거죠. 철없던 시절, 밤늦게 어딘가 돌아다녀본 적이 없는, 밤 문화를 전혀 즐길 수 없는 아이들이 가끔 안쓰럽기도 했는데요, 이젠 아이들을 일찍 재울 수 있는 환경이 가장 좋은 환경이라는 사실에 감사하고 있습니다.

덕분에 아이들도 일찍 자고 일찍 일어나는 유전적인 좋은 습관도 몸에 지니고 있거든요.

하지만 저는 밤늦게까지 남편 몰래, 아이들 몰래 불을 밝히며 살았어요. 그랬던 제가 비로소 남편을 이해하게 됩니다. 일찍 일어나야 하니까 일찍 자야 하는 단순하지만 슬펐던 비애를 말이죠.

그렇게 열심히 해서 뭐할 건데? 봐. 아무 일도 안 일어나잖아

그런데 어느 날, 문득 공허해졌습니다.

유익과 성장이 보장된다고 믿었던 새벽 시간을 사수하기 위해 오늘도 치열하게 노력하며 4시 30분에 눈을 떴는데, 그날따라 모든 것이 다 헛되게 느껴지기 시작하는 거예요.

'이렇게 일찍 일어나 하루를 시작하는 것이 과연 의미가 있는 일인가?

나는 무엇을 위해서 이 시간, 잠과 사투를 벌이며 새벽을 깨워 글을 쓰려고 하는가?

내가 무슨 작가도 아니고, 이렇게 유난을 떨며 변화하려고 하는 이유가 무엇인가?'

나약한 저의 정체가 드러나기 시작하는 거예요.

무엇을 위해서 이렇게 치열하게 노력하며 사는지, 왜 그토록 글쓰기에 집중하는 건지, 아무 일도 일어나지 않는 하루하루를 바라보며, 아무 일도 일어나지 않는 어제와 똑같은 하루를 왜 일찍 깨워 시작하는 건지, 더 자고 싶은 유혹을 이겨내고 왜 글쓰기를 붙들고 있는 것인지 의심이 들기 시작한 거예요. 그러면서 내 의식은 반항하기 시작했어요.

'그냥 자고 싶은 대로 자. 일어나고 싶을 때 일어나고.

글 같은 거 써서 뭐하니? 아무 일도 일어나지 않는데.

쓸데없이 시간 낭비하는 거야.

그러다가 말 거면서, 며칠하다 말 거면서.

작가가 되는 게 그렇게 쉬워?

너 같은 정도의 글 쓰는 사람 얼마나 많은데.

그러지 말고 나중에 아이들 더 크면 일할 자리나 알아봐.

얼마나 더 가나 보자.'

본능적인 쾌락과 안정을 중시하는 원초적 본능인 나의 이드가, 역시나 어린아이 같은 초자아를 뒤흔들기 시작합니다. 순간 정말 동요될 뻔했어요. 하마터면 열심히 살고 싶지 않아질 뻔했어요. 아침형 인간이니, 글쓰기 뭐니 다 때려치우고 전처럼 아무 생각 없이 편하게 살고 싶어졌어요. 그때가 좋았다고, 그때도 나쁘지 않았다고 저 자신을 무자비하게 무너뜨리려 공격하기 시작하는 거예요.

눈 뜨고 나면 무언가 특별한 세상이 펼쳐지길 바라보지만 아무것도 일어나지 않는 똑같은 하루하루를 성실하게 반복해나가는 일상에 지루해졌고, 이런 하루를 언제까지 버틸 수 있을지 의심이 들기 시작했어요. 그런데 문득, 어제 책에서 읽었던 글귀가 생각이 났고, 의심하던 눈이 번쩍 떠졌어요. 잠시 번뇌하며, 한껏 몸 쪽으로 끌어당겨 내 몸을 포근하게 감싸고 있던 이불에게 화풀이라도 하듯 박차고 일어나 앉았습니다.

"군자는 의관을 바르게 하고, 시선을 높이 두며, 묵묵히 바로 앉아 공손하기가 마치 흙으로 빚은 사람 같고 말은 도탑고도 엄정해야 한다. 이와 같은 뒤에야 능히 뭇 사람을 위엄으로 복종시킬 수 있고, 명성이 퍼져 마침내 오래도록 멀리까지 이르게 된다."

조윤제, 『다산의 마지막 습관』

저는 군자가 아닙니다.

지극히 평범하고, 좋은 엄마가 되고 싶고, 그저 쓰는 것이 좋고, 무언가 자꾸 쓰고 싶어지는 평범한 40대 전업주부이죠.

하지만 다산 정약용의 말을 인용해보자니 엄정한 겉모습은 충실한 내면이 뒷받침되어야 하듯이, 이루고 싶은 큰 꿈이 있다면 하루하루의 충실함이 바탕이 되어야 한다는 따끔한 지침이, 평범하고 잔잔한 일상에 다시 불을 지펴주기 시작했어요. 일상은 단지 하루의 모습만을 말하는 것이 아니라고 『다산의 마지막 습관』의 조윤제 저자는 덧붙여 설명합니다. 하루하루를 충실하게 쌓아나가는 것이고 이런 모습이 누적되고 쌓이면 감히 상상하기 어려운 결과를 만들어낼 수 있다는 거예요.

아무 일도 일어나지 않는 평범한 하루를 성실히 써내려가다

오늘도 아무 일도 일어나지 않는 하루를 다시 시작합니다. 더 자고 싶은 유혹을 이겨내고 새벽의 한기를 느끼며 세수하고, 양치하고 물을 한 잔 들이킵니다. 기왕이면 말끔한 모습으로 앉아 아름답도록 고요한 그 시간, 글쓰기로 채워나갔습니다.

아이들이 일어나면 부지런히 아침을 차려냅니다. 따뜻한 아침밥을 먹여 학교에 보내고 집을 쓸고 닦고 정리한 후에, 나는 다시 그 자리에 앉아서 책을 읽거나 글을 썼습니다. 오늘도 아무 일도 일어나지 않는 하루에 또다시 허탈해졌지만, 주어진 일상에 충실하며 최선을 다한다면 그런 모습이 쌓이고 누적되어 어느 날, 무슨 일이라도 일어나지 않겠느냐며 스스로를 위로해주었습니다. 그리고 스스로 다짐했죠. 그때 그 기회를 놓치지 않게 될 거라고, 준비하고 다져왔으니까, 준비된 나에게 기회가 왔을 때 놓치지 않고 기회를 잡을 수 있는 준비된 자가 내가 될 거라고 확신했습니다.

고전을 통해 단순한 삶의 이치를 깨닫고 나자, 치열하게 새벽을 깨우고, 아무런 보상도, 대가도 없는 글쓰기의 무료함을 조금은 이겨낼 수 있게 되었고, 조금 더 준비하고 기다려보자 인내하게 되었어요. 어제와 똑같은, 아무 일도 일어나지 않는 평범한 하루이지만, 그 하루하루가 쌓이면 언젠가는 막강한 힘을 지닌 특별한 하루를 맞이하게 될 거라 기대하며 묵묵히 성실하게 다시 그 길을 걸어가보는 거예요.

최선을 다해서 살아내보는 겁니다.

아무 일도 일어나지 않으면 어떤가요. 삶 자체가 그저 놀라운 선물이죠. 그 삶에 후회가 없게 열심히, 근면성실하게 살면 되는 것입니다. 하마터면 놓칠 뻔했어요. 다시 아무 생각 없이 살던, 편했던 그때로 돌아갈 뻔했어요. 내면의 아름다운 성장과 변화에 더 의미를 두며 다시 힘차게 새벽을 시작해봅니다.

이제 저는 4시 30분에 일어납니다.

열심히 살다 보면 올 때가 있어요.
뭐하고 있는 건지, 무엇을 향해 달려가고 있는지 모르겠는,
그냥, 다 멈추고 주저앉고 싶을 그런 때가 있어요.
그러니까 명확한 가치와 근본적인 상위 목표가 있어야 해요.
그냥 무작정, 다른 사람이 하니까 해볼까 하고 시작하면 안 되는 거예요.
그 시간에 내가 추구하는 것이 무엇인지,
무엇을 이루어갈 것인지 구체적인 목표와 꿈이 있어야
힘든 인내의 시간을 묵묵히 버틸 수 있어요.
모든 것의 기본이 되는 근면성실함의 모습을 갖추면서요.
꿈꾸는 엄마, 성장하는 엄마의 삶을 그려나가며
작가라는 꿈을 이루기 위해 묵묵히 그 자리를 매일 지키며
주어진 하루에 오늘도 최선을 다해봅니다.

운동, 그거 왜 하는 거야?

어렸을 때부터 운동하고는 담을 쌓고 살았어요. 학생 때도 가장 싫었던 시간이 체육시간이었습니다. 여자치고는 키가 큰 편이에요. 다리도 길고 키도 크니까, 다들 저를 보고 달리기 잘하겠다는 거예요.

시합이 있을 때마다 대표 주자로 하나같이 저를 뽑아댔어요.

저는 정작 달릴 마음도 전혀 없고 승부욕도 전혀 없는데요, 억지로 불려 나간 시합의 결과는 불 보듯 뻔한 일 아닌가요? "역시 키가 커서 달리기를 잘할 줄 알았어."라고 말하고 싶었을 그들에게 줄곧 들은 말은 "키가 커서 달리기를 잘할 줄 알았는데 왜 이렇게 못해."였어요.

저는 늘 꼴찌로 들어왔거든요.

생각해보면, 저는 달릴 마음이 없는데 자꾸 달리라고 하니 반발심에 그랬던 것도 같아요. 그때 그 수치와 반발심으로 운동이 싫어졌고 체육시간이 싫어졌을 수도 있겠습니다. 아무 생각 없이 나에게 던진 돌에 그렇게 저는 맞아 죽었나 봅니다. 글을 쓰다 보니 우연히 만나는 어린 시절, 그때 받은 상처와 아픔을 또 이렇게 들여다보고 치유하게 되네요. 여하튼 저는 뛰는 게 싫었고 땀이 나는 게 싫었어요. 승부욕이 없는 성격도 한몫했을 거예요. 어려서부터 운동과 담을 쌓고 지내다 보니 운동하고는 점점 거리가 멀어졌죠.

운동을 하며 자기 관리를 하는 엄마들의 모습이 눈에 많이 띕니다. 처음으로 어린이집에 아이들을 독립시켜놓고 눈물바다가 되는 생이별의 시련을 겪으며 조금씩 적응해나가는 시간이 찾아오면, 엄마들이 가장 먼저 하는 일이란 것이 혼자서, 또는 삼삼오오 무리를 지어 요가나 필라테스에 등록하는 일이더라고요.

그나마 혼자서 하는 운동은 도움이 될 듯도 싶은데 '혼자 하면 재미없다.'며 무리지어 운동하는 엄마들은 운동이 끝나면 그냥 헤어지기가 아쉽습니다. 커피 한잔을 하든지 맛집을 찾아다니는 거예요. 운동의 효과가 제대로 나타날지 늘 의문이 들었어요. 운동의 매력이란 도무지 찾을래도 찾을 수 없는 것이 되어버렸어요. 무리 안에 있으면 나에게 맞는 운동을 찾는 것도 쉽지 않습니다. 나에게 맞는 운동이라는 것이 있을 텐데, 무리에 휩쓸려 운동하는 엄마들이 대부분인 것 같아요. 엄마들과 함께 운동을 하게 될 몇 번의 기회가 있었지만 결국 무리지어 서로를 의지하는 운동도, 혼자서 뚝심 있게 하는 운동도, 어느 것 하나 선택하지 못한 채 여전히 운동과는 거리를 두고 살게 됩니다.

보너스 틈새 시간, 운동을 시작하다

아이들을 학교에 보내놓고 혼자 있는 시간, 어떻게 보내고 계신가요? 만나고 싶은 사람들을 만나기도 하고, 읽고 싶은 책을 읽고, 틈나는 대로 글을 쓰기도 하며, 살림과 육아를 병행해야 하는 하루는 언제나 짧게 느껴졌어요.

아이들이 학교에 가고 나에게 주어진 소중한 자유시간을, 매력을 전혀 느끼지 못하는 운동하고 나눠 쓰고 싶지 않았어요. 운동에게 내 시간을 빼앗기고 싶지 않더라고요. 하지만 마흔 중반의 문턱에 들어서자 몸이 예전 같지 않습니다. 내 몸에 근력이 없음이 확연하게 느껴지기 시작했어요. 지금부터 체력과 근력을 잘 다져놓지 않으면 나중에 방전된 배터리처럼 몸이 쓸모없어진다는 말이 새삼 너무 무섭게 들렸어요. 자기만족이나 자기계발을 위해서가 아니라 건강과 체력을 위해 운동을 해야겠다는 생각이 본능적으로 들기 시작했죠.

운동의 매력을 전혀 느끼지 못하는 저라서, 비싼 요금을 지불하고 싶지는 않았어요. 가까운 거리여도 오고가는 게 점점 귀찮아질 것이 뻔했고, 게으른 나약함이 발목을 잡을 것이 뻔했어요. 돈에 묶여 억지로 나가게 되는 운동이 세상에서 가장 슬픈 운동이라고 생각했어요. 운동은 해야겠는데 하고 싶은 운동이 없네요. 저에게 꼭 맞는 맞는 운동을 찾아주기가 여간 어려운 일이 아니더라고요. 이런저런 고민 끝에 아파트 단지에 있는 휘트니스 센터에서 러닝머신이라도 뛰어보려고 다짐했지만, 결국 센터 문턱에도 가보지 못하고 마음만 간절한 운동과 여전히 멀리하며 지냈습니다.

그러던 어느 날 우연히 운동할 수 있는 기회가 찾아옵니다.

하루를 일찍 시작하게 된 엄마의 변화는 아침식사 시간에도 영향을 주었어요. 식사 시간이 많이 당겨졌고, 아침식사를 일찍 마치고 여유로운 시간이 찾아오자 아이들은 평소보다 학교에 일찍 가기 시작했어요. 아이들을 학교에 보내놓고 나니, 전에 없던 30분의 보너스 시간이 생긴 거예요. 30분의 보너스 시간이 생기자, 저는 늘 집으로 향하던 발걸음을 돌려 무작정 걷기 시작했습니다.

한참 등교하는 아이들의 활기찬 모습에 기분 좋아졌다가, 아침 등굣길에도 손에서 핸드폰을 놓지 못하는 아이들을 보며 마음이 씁쓸해지기도 하며 복잡한 도로를 빠져나옵니다.

큰 사거리를 건너 한적한 도로에 이르자 마음이 평온해지네요.

푸른 잎사귀 하나하나가 어찌나 그렇게 싱그러운지, 잔디밭을 종종 거리며 낮게 날아다니는 새들의 지저귐도 어쩜 그리 사랑스러운지, 모든 순간이 참 감사한 거예요.

기분 좋게 불어오는 바람에 살아 있음을 느끼며, 튼튼한 두 다리가 있음에 감사함을 느끼며, 넉넉한 자연이 주는 풍경에 아름다움을 느끼며, 자연을 벗 삼아 걷는 기쁨이 이런 것이구나 싶었죠. 자연이 주는 광대한 선물은 마음먹고 멀리 떠나는 여행지에서만 느낄 수 있는 것이 아님을, 일상에서도 느낄 수 있음을 알게 되었죠.

어제와 똑같은 자리에 서 있지만 어쩐지 오늘은 달라 보이는 나무에게 오래 눈길을 보내봅니다. 그 가지를 타고 뻗어난 푸른 잎사귀들을 마음에 새기며 걸어보는 거예요. 길가에 꽃 피운 야생 꽃들을 바라보고 있자니, 플라워샵에서 보던 고급스러움 가득한 아름다움보다 더 특별한 매력이 느껴집니다. 그렇게 자연의 경이로움을 눈으로 보고 마음으로 가득 품으며 힘차게 걷기 시작했어요.

그러고 보니 바로 집 앞에 참 걷기 좋은 해안 도로 공원이 있더라고요. 탁 트인 바다를 마주보고 있는데 이제 겨우 오전 9시밖에 안 되었네요. 평소엔 아이들을 막 학교에 보내놓고 집에 돌아와 주섬주섬 아이들이 벗어놓은 옷가지를 줍고 정리하고 밀린 설거지를 하며 집안 정리를 하고 있을 그 시간, 이미 30분을 걷고 나서 드넓은 바다를 바라보며 숨을 고르고 있다니, 운동과 담쌓고 살던 저의 변화가 새삼 놀라웠습니다. 새벽을 깨워 하루를 시작하는 변화도 놀랍고요. 글쓰기에 우선순위를 두어 나는 새벽에 쓰고 싶은 글도 다 써놓았습니다. 정성스럽게 밥을 지어 아이들의 아침 식사도 풍성하게 채워주었고 아이들을 학교에 보내놓고 걷기 운동을 시작한 이 모든 변화가 참 반갑고 기분 좋아졌어요.

새롭게 시작한 '걷기 운동'은 저에게 또 다른 삶의 활력소가 되어주었어요.

땀이 흠뻑 난 채 깃털처럼 가볍게 러닝을 하는 사람들이 참 부럽고 신기했는데요, 걷는 것도 잘하지 못했던 저였기에 가볍게 뛰는 러닝은 상상도 할 수 없었죠. 아장아장 걷기 시작한 아이가 곧이어 뛰기도 하며 더 온전한 걸음으로 세상에 발을 내딛는 것처럼, 조깅은커녕 걷기마저도 벅찼던 저의 몸이 조금씩 변하고 있다는 사실이 느껴졌어요. 꾸준히 걷기 시작하자 몸이 가벼워진 느낌이 들었고, 몸이 가벼워진 것을 느끼고 나자 뛰고 싶어졌어요. 전에는 미처 몰랐던 몸의 가벼워짐을 느끼며, 걷고 있던 다리에 더 힘을 주어 뛰기 시작했습니다. 조금 뛰기 시작하니 이내 숨이 차고 땀이 나기 시작합니다.

몸이 더 건강해지고 있음이 느껴져요.

내가 바라보는 모든 것, 느끼고 있는 모든 순간이 소중함을 아는 운동

걷다 보니 생각보다 꽤 많은 분들이 이미 걷고 계시더라고요.

둘씩 셋씩 짝을 지어 함께 걷기도 하고, 저처럼 혼자 걷기에 몰두하는 엄마들도 많네요.

생각보다 많은 엄마들이 같은 곳을 걷고 있었습니다.

서로 이야기를 나누고 의지하며 경쾌한 발걸음으로 함께 걷는 그들. 그 안에 분명 기쁨과 만족이 있을 거예요. 하지만 문득, 혼자서 묵묵히 걷고 있는 그 시간, 내가 보고 있는 것을 더 깊이 있게 관찰하고, 온전히 내 생각에 집중하고 있다는 사실이 더 의미 있게 다가오기 시작했어요. 저의 성장을 돌아보며 만족스러운 마음에 미소를 띠어보기도 합니다. 마음이 조금 단단해졌고, 일상에 일어나는 작은 변화도 놓치지 않으려는 관심과 통찰력은 머릿속에서 무수히 많은 글들을 바쁘게 출력해내고 있습니다. 대충 살던 제가, 이제는 생각이라는 것을 좀 하면서 살아봅니다.

하지만 여전히 저는 불완전해요.

조금 더 완전한 모습으로 변해가는 길 위를 조용히 걷고 있을 뿐, 저는 여전히 불완전하고 미성숙합니다. 여전히 일어나지도 않을 일을 두려워하고, 불안해하고 외로워하며 살아갑니다. 하지만 혼자 있을 때 발견하게 되는 모든 순간이, 내가 새롭게 발견하고 고민하기 시작하는 모든 것들이, 여전히 저를 살게 하는 거더라고요.

오늘 내가 보고 경험하게 되는 모든 찰나가 더 의미 있어지고 특별해졌습니다. 나의 작은 안경 너머로 바라본 작지만 넓은 세상을 한 발짝 물러서서 바라보는 여유가 생겨났습니다. 그 안에서 일어난 일들 하나하나에 의미를 두면서, 내가 느낀 생각을 글로, 머릿속에서 정리해봐요. 그리고 쓰는 거예요.

더 잘 쓰고 싶어서 깊이 있게 관찰하게 되고, 잘 쓰고 싶어서 오래 생각하며 내 생각에 머물러 있게 되더라고요. 그것이 유익이었습니다.

내 생각과 감정에 집중해보는 것이 참 좋아졌어요. 그리고 자연을 벗 삼아 산책하고 걷기 시작할 때, 더 풍성하게 사유할 수 있는 거더라고요. 그래서 혼자 걷는 시간이 필요했고, 혼자 사색하는 시간이 필요했던 거예요.

저는 오늘도 아침 일찍 일어나 글을 쓰고, 아이들을 학교에 보내놓고, 그 길로 바로 자연을 벗 삼아 돈 들지 않는, 내면이 더 단단해지는, 오히려 돈을 버는 운동, 걷기 운동을 합니다.

돈 내고 다니는 운동도 좋지만요,

내가 원하는 시간에, 마음만 있으면 바로 시작되는,

걷기 운동이 참 좋더라고요.

들풀 하나도, 들꽃 하나도 어찌나 특별하고 예쁜지요.

오늘 내가 보고, 느끼고, 생각한 것 들이 어찌나 소중한지요.

눈으로 자연의 아름다움을 품고,

스치고 지나간 생각들을 머릿속에서 글로 출력해보는 거에요.

그래서 걷는 시간이 참 좋아졌습니다.

무엇보다 돈이 들지 않는 운동이라서 제일 좋아요.

2

밥하고
살림해도,
엄마는 행복할 수 있다

해도 해도 끝이 없는 살림 육아, 반복되는 단순노동의 최고봉

살림과 육아는 참 고되죠. 고되다는 것의 근본적인 이유는, 끝도 없이 반복되는 단순노동이기 때문 아닐까요? 아침에 일어나면서부터 엄마인 제가 해야 할 일들이 쌓여 있고 제 손길을 기다리고 있는 살림살이들이 너무나도 많습니다.

엄마로서 일단 아이들 케어하는 부분 먼저 이야기해볼까요?

아이들이 일어나면 한 번씩 꼭 끌어안아주고 부지런히 밥을 지어내 배를 든든하게 채워주고, 학교에 보내죠. 아이들이 등교한 시간에 잠깐 숨을 돌려봐요. 행복한 자유 시간은 생각보다 너무 빨리 지나가버리네요. 아이들이 돌아올 시간이 되면 중간에 픽업을 도와줘야 하고, 짬짬이 놀이터 죽순이가 되어서 가방과 짐을 맡아 보관해주고 간식을 챙겨주면서 실컷 놀 때까지 기다려봅니다. 아이들이 에너지를 발산할 시간을 채워주고, 학원을 보내기도 하다 보면 어느새 저녁시간이 다가와요.

부지런히 집으로 돌아와 아이들을 씻기고 저녁을 준비해서 먹이죠. 아이가 힘든 일은 없는지 물으며 대화를 시도합니다. 학교에서는 무슨 일이 있었는지 한 번에 쏟아내는 세 아이들의 이야기를 균형 있게 들어주고 대답해줍니다. 어떤 생각을 하며 지내는지, 무엇에 관심을 두는지 묻기도 하며 짧은 저녁 시간이 또 지나가버리네요. 건설적인 대화가 성공적으로 오고가면 다행입니다. 아이들이 어릴 땐, 밥 먹이는 것 하나만으로도 정신을 차릴 수 없었던 시간을 떠올리며 그저 만족해보는 거죠.

이제 집안일의 단순노동에 대해서 한번 말해볼까요?

틈틈이 빨래도 하고 설거지도 하고 청소하고 정리합니다. 아주 간단한 것 같지만 끝도 없이 반복되는 단순한 노동은 정말이지 해도 해도 엔딩이라는 것이 없네요. 다시 되풀이됩니다. 한 시간 동안 식사를 준비해서 밥을 먹고 나면 수북이 쌓여 있는 설거지를 해야 하고 설거지를 하고 나면 빨래가 쌓여 있는 것이 보이고 빨래를 하기 위해서 널어놓은 빨래를 부지런히 개켜야 합니다. 금방 또 꺼내 입을 옷들을 정성껏 개어 넣는 손길이 가장 허무했습니다. 좀 내려놓고 싶어서 내려놓으면 어디 편한가요? 산처럼 쌓여서 두 배로 일감이 많아지진 않았나요? 이렇게 같은 일상과 살림이 끝도 없이, 매일 반복됩니다.

그래서 고된 거예요. 단순한 반복노동이여서요. 끝도 없는 무한 반복이여서요. 해도 티가 잘 안 나지만, 안 하면 확 티 나는 불편한 그것도, 육아와 살림을 더 고단하게 합니다.

성격상 저는 내려놓지도 못해요.

틈틈이 집안일을 쉬지 않고 하는 편이라, 늘 부지런한 내 자신이 기특하면서도 가끔은 안쓰러워요. 세 아들을 명문대에 보낸 여성학자 박해란 선생님은 '가수 이적'의 어머니로도 유명하죠? 『믿는 만큼 자라는 아이들』에서 박해란 선생님은 저와 같은 근면성실한 주부들에게 일침을 가합니다. 집은 내가 편하게 먹고 자고 쉬는 공간이기 때문에 내 몸이 편한 것에 초점을 두라고, 청소하고 정리하는 고단한 시간에 너무 많이 투자하지 말라고 말이죠. 자신은 그렇게 생활했고 그 시간을 자기계발의 시간으로 사용했다는데, 저도 그렇게 하고 싶지만 막상은 잘 되지 않았어요.

폭탄 맞은 집에, 먼지가 수북이 쌓인 채 내 손길을 기다리고 있는 살림살이들을 모른 척하며 내가 하고 싶은 시간을 보낼 수 있는 담대한 게으름이 저에게도 좀 있으면 좋으련만, 틈틈이 반복해서 정리하며 부지런히 몸을 움직여야 맛볼 수 있는 깨끗하고 쾌적한 집에서 무언가를 하는 것이 좋은 저라서 말이죠. 각자 다른 방법으로, 자신에게 맞는 패턴으로 살림하고 육아하겠지만, 모두가 느끼는 고단함은 동일할 거예요. 그래도 말끔하게 정리된 집을 둘러보며 느끼는 짜릿한 희열은 주부만이 느끼는 최고의 보람일 겁니다.

내 몸을 부지런히 움직여야 가정이 평안하게 돌아가고, 그 속에서 아이들이 자라납니다.

부쩍 큰 아이들에게 가정 일을 분담시키기 시작하니 조금씩 수월해지기도 하네요. 회사 일에 지쳐 퇴근하고 돌아온 남편의 휴식을 방해하지 않으려고 혼자 고군분투 견뎌낸 10년의 시간이 이제는 알아서 빨래도 개켜주고 설거지도 해주는 남편으로 변화시켜주었으니 조금은 희망이 보이기도 해요. 하루 종일 살림과 육아에 전념할 수 있는 전업주부에게도 반복되는 살림과 육아는 참 고단한 것인데, 워킹맘들은 얼마나 힘들까 생각해보았어요.

일하고 돌아와서 쌓여 있는 집안일은 잠시 모른 척하고, 하루 종일 엄마만 기다렸을 아이들과 정서와 교감을 나누는 시간까지 감당해야 하는 워킹 맘들, 정말 존경합니다. 아마 두 배로 더 힘들 거예요. 말끔하게 정리된 집을 보며 뿌듯함을 느끼는 건 전업주부, 워킹맘 할 거 없이 모두가 느끼는 만족이겠지만요.

내조의 여왕이 되고파서 시작한 독박육아

저는 전업주부라서, 퇴근하고 돌아온 남편에게 뭔가를 부탁하거나 기대하기가 어려웠어요. 남편도 하루 종일 상사에게 치이고, 후배에게 치이고, 일에 치이고 사람에 치여 힘들었을 텐데, 치열한 삶의 현장에서 수고하고 돌아온 남편에게 내가 감당해야 할 가사노동을 넘기지 않으려고 최대한 노력했어요.

육아와 살림은 제 손에서 끝내려고 했죠.

『성경으로 키우는 엄마』에서 최 에스더 사모님께서 남편을 그렇게 섬 겼다고 하셨는데, 처음엔 '에이, 사모님이니까 가능하지?' 하며 반감이 들기도 했지만 곧 도전이 되더라고요.

'해볼 만하네.' 싶었어요. 그런 아내가 되고 싶어졌어요.

시작은 아름다웠지만 과정은 아름답지 못했습니다. 참고 견디며 독박 육아의 여정을 거닐면서, 어느 순간 자존심이 상하기도 하고, 나 혼자 애 키우나 싶어 억울한 마음이 들기 시작하면 퇴근하고 녹초가 되어 돌아온 남편을 들들 볶기도 하고 싸우기도 많이 했죠. 하지만 무엇보다 제가 남 편을 섬기려고 노력하고, 계속 변화하고 있다는 사실을 남편이 잘 알고 있었더라고요. 남편은 저 모르게 시댁에서 "아내가 내조를 잘해줘서 내 가 회사에만 집중하며 회사생활 잘할 수 있다."라며 칭찬을 해주었답니 다. 저는 저도 모르는 사이, 시댁에서 사랑과 인정을 받는 며느리가 되어 있었어요.

"아들 셋을 키우느라 늘 제일 많이 애쓴다."라고 시아버님은 안쓰럽고, 고맙고, 기특하다는 시선으로 늘 저를 바라보며 말씀하셨어요. 남편의 사소하지만 강력한 한마디, 생각지 못한 그 칭찬으로 인해서 저는 아무

것도 한 것도 없는데 아이 잘 키우는 엄마, 내조 잘하는 아내가 되었더라고요. 고단한 독박육아의 시작이 빛을 발했던 순간이었습니다. 독박육아를 자처했던 이유도 내조 잘하는 아내가 되고 싶어서였거든요.

요즘은 평등 시대라고 해서 집안일, 바깥일 남녀 구분 없이 함께 분담해야 한다고 하지만, 최소한 전업주부인 저는 힘들게 일하고 돌아온 남편에게 청소기나 고무장갑을 쥐어주진 않으려고 했어요. 아이들 양치라도 부탁하고 싶은 마음이 굴뚝같았지만, 자기 전 아이들 양치까지도 내 몫으로 여기며 남편에게 미루지 않았습니다. 최 에스더 사모님이 그렇게 하셨던 것처럼, 책 속에서 알려주신 것처럼 열심히 해냈어요. 그렇게 10년을 보내고 나니, 이제는 남편이 알아서 청소기를 들고 고무장갑을 쥐고 설거지를 하네요.

이런 저의 고백에 갑자기 무언가 답답하신가요?
마음이 불편하거나 언짢으신가요? 여자만 희생하라는 법이 어디 있느냐 싶어지나요?

전업주부지만 참 있어 보이는 그녀, 집 안과 밖을 잘 돌보는 현숙한 여인

여기서 잠시, 우리 성경 잠언 31장에 나오는 현숙한 여인을 주목해볼까요? 그녀는 남편에게 선을 행하고 악을 행하지 않습니다.

부지런히 손으로 일하고 가족이 먹을 일용할 양식을 위해서 먼 곳에서 양식을 구하는 일도 마다하지 않으며, 밤이 새기 전에 일어나서 자기 집 안사람들에게 음식을 나누어주고 집안 여종에게 그 할 일을 정하여 분담해줘요.

포도원을 일구는 궂은일을 해야 할 땐, 힘 있게 허리를 묶고 자기 팔을 강하게 합니다. 장사가 잘되는 줄을 깨닫게 되면 밤에 등불을 끄지 않고, 곤고한 자에게는 자신의 손을 펴고, 궁핍한 자에게 손을 먼저 내밀고, 자기를 위하여 아름다운 이불을 지으며 부지런한 손을 놀리지 않아요. 그의 남편은 사람들의 인정을 받으며 입을 열어 지혜를 베풀고, 그녀의 자식들은 일어나 감사합니다. 그의 남편은 그의 아내를 칭찬하기를 "덕행 있는 여자가 많으나 그대는 모든 여자보다 뛰어나다."라고 고백해요. "고운 것도 거짓되고 아름다운 것도 헛되나 오직 여호와를 경외하는 여자는 칭찬을 받을 것이요, 그 손의 열매가 그에게로 돌아갈 것이요 그 행한 모든 일로 인해서 칭찬을 받을 것"이라고 성경에 쓰여 있어요.

현모양처를 꿈꾸는 여자라면 너무나 이상적인 모습 아닌가요?

누군가는 시대에 뒤떨어진 발상이라고 공감하지 않을 수도 있겠어요.
요즘 그런 여자가 어디 있느냐며 괜한 반발심에 마음이 불편해질 수도
있겠어요.
하지만 저에게는 힘 있고 강단 있는 멋진 여인의 모습으로 다가왔습
니다. 집 안과 밖을 야무지게 챙기는 그녀는 자녀들을 안정된 공간에서
바르게 키우고 이웃에게 덕을 행합니다. 남편에게 칭찬을 받고 아이들
은 아침에 일어나 감사하는 삶! 정말 단순한 듯해도, 어려운 삶이 아닌가
요? 하지만 꿈꾸고 소망할 때에 우리 안에 작은 변화가 일어납니다.
저는 그 변화를 맛보고 있어요. 지혜로운 아내가 되고 싶다면, 아이를
잘 키우고 싶다면 근면성실하게 주어진 가정에서 엄마와 아내의 역할을
잘 감당하는 것이 첫 번째임을, 현숙한 여인을 바라보며 다시 한 번 마음
에 새겨봅니다.

늘 현숙한 여인의 삶을 동경하고 꿈꾸어요.
가정을 돌보기 위해 오늘도 힘 있게 앞치마를 둘러매어봅니다. 나의
팔에 강인한 힘이 있고, 모든 것을 해낼 수 있는 환경과 건강이 있어 감
사하며 앞치마를 질끈 동여매고, 힘 있게 다시 부엌으로 나아가봅니다.

우리에게 주어진 임무가
가벼워 보이는 단순노동인 것 같아도,
절대 가벼울 수 없는 막중한 임무잖아요.
남편을 세우고, 아이들이 건강하게 자랄 수 있도록
우리가 지내는 가정을 잘 돌보고 가꾸어야 합니다.
우리가 그 모든 것을 충실히 잘해내야
남편도 잘되고, 자녀도 잘되고,
결국 모든 칭찬은 나에게 돌아옵니다.
그러니까 우리, 조금만 더 힘내요.

엄마가 없는 집은 늘 차갑고 어두웠다

어린 시절 기억 속에 우리 집은 늘 어둡고 차가웠어요. 엄마는 늘 집에 없었거든요. 엄마는 항상 바빴어요. 외향적인 엄마는 집에 있는 시간보다 밖에 있는 시간이 더 많았고, 엄마가 없는 집 안 공기는 늘 차갑고 어두웠습니다.

그런 엄마에게서 저는, 집밥은 고사하고 소풍가는 날 엄마가 손수 싸준 김밥 한 줄 먹어보지 못했습니다. 어린 시절 가장 달콤했던 기억은 그런 엄마가 처음이자 마지막으로 만들어주었던 핫케이크를 먹었던 그날이었어요.

웬일인지 엄마가 밀가루에 달걀과 버터를 풀어 손수 핫케이크를 구워주었고, 평소 음식을 잘 해주지 않던 엄마가 내어주는 핫케이크의 달콤한 냄새는, 차갑고 어둡기만 했던 집 안 공기를 단숨에 따뜻함으로 바꾸어냈어요. 따뜻하고 촉촉한 핫케이크는 정말 맛있었죠.

아이들에게 간식으로 핫케이크를 구워줄 때마다 그날, 그 기억이 떠올라요. 내가 굽고 있는 이 핫케이크보다 더 달콤하고 부드러웠던 그 핫케이크가, 딱 한 번밖에 먹어보지 못했던 그 핫케이크 말이죠. 그때 엄마가 구워준 핫케이크를 떠올리면, 어둡고 싸늘하게 느껴졌던 무거운 공기가 이내 함께 떠오르지만, 어느새 내가 굽고 있는 달콤한 핫케이크 향이 모든 것을 잠시 따뜻하게 바꿔줍니다.

엄마에게 충분한 사랑을 받지 못했지만 내가 지어낸 따뜻한 밥을 보고 있으면 어릴 적 상처까지 치유되는 듯해요. 아이들에게 내가 해줄 수 있는 가장 좋은 건 집밥이라고 생각했고 부지런히 집밥을 차려냈어요. 삼시 세끼를 차려주고 손수 지은 음식을 먹일 수 있는 것이 엄마로서 가장 큰 행복이었어요. 부지런히 먹이고 부지런히 밥을 차려냈네요. 모든 엄마들이 그랬을 테지만요. 힘들기도 하지만 그 자리를 지키고 있음에 그저 감사할 뿐이에요. 아이들에게 춥고 어두운 가정이 아니라, 맛있는 냄새가 날마다 풍겨나는 밝고 따뜻한 가정을 선물해줄 수 있다는 단순한 사실이 그렇게 감사할 수 없는 거예요.

삼시 세끼, 늘 대단한 요리를 차려내는 건 아니에요.

너무 힘들면 가끔 반찬가게에서 사다 먹기도 하고, 배달 찬스를 이용하기도 하고, 편리하고 맛있는 밀키트를 사용하기도 해요. 하지만 갓 지어낸 따뜻한 밥만큼은 포기할 수가 없네요. 김에 김치만 먹어도, 미역국에 한 그릇 뚝딱 말아 먹기만 해도, 카레나 짜장 같은 한 그릇 음식으로 먹기 좋은 메뉴에도, 압력밥솥에 딱 한 끼만 먹을 양의 밥을 지어 먹어요. 엄마에게서 받지 못한 사랑까지 듬뿍 담아서 오늘도 내 아이들에게 먹일 따뜻한 밥상을 차려냅니다. 갓 지어낸 따뜻한 밥 한 공기만으로도 엄마의 사랑과 감성을 듬뿍 담아낼 수 있어요. 대단한 요리 기술이 없어도, 갓 지어낸 따뜻한 쌀밥 한 공기면 되는 거예요.

함께 둘러 먹는 밥상에서 느끼는 따뜻한 밥 한 그릇의 위력

혼밥 시대. 어쩐지 서글프고 외롭게 느껴져요. 우리는 식사를 하며 정겹게 음식이 오고 갈 때, 더 친근해질 수 있잖아요.

어려운 일을 당한 사람들에게 해줄 수 있는 가장 좋은 위로가 '고생했어. 맛있는 밥 사줄게. 먹으러 가자.' 한마디면 된다고들 하니, 밥의 위력이 얼마나 대단한가요?

남편은 끼니 때마다 부지런히 압력밥솥에 밥을 지어내는 저를 이해하지 못했는데요. 바쁜 남편은 밖에서 밥을 먹고 들어오는 때가 많으니까 갓 지어낸 따끈한 그 맛을 모르고 하는 소리예요. 코로나 바이러스가 우리 집에도 창궐했던 그 시절, 아이들을 시작으로 릴레이 감염이 시작되었어요. 남편도 피해갈 수 없었고, 남편은 4주 동안 재택근무를 하며 제가 차려낸 그 특별한 맛을 보기 시작했습니다. 매끼 압력밥솥에 찰진 밥을 지어냈습니다. 그런데 하루는 밥하기가 너무 귀찮아서 남편 회사에서 위로 물품으로 보내준 햇반으로 한 끼를 해결해보았어요. 똑같이 먹던 반찬에 햇반을 먹은 남편이 놀란 눈으로 저에게 말합니다.

"왜 여보가 매일 그렇게 밥을 짓는지 이제야 알겠어."

그 맛을 이제야 알아주다니 어이없었지만 이제라도 알아주어 다행이라고 생각했죠.

고단하지만 매끼 찰진 밥을 지어내는 손길에 단번에 위로가 되어주었어요.

1인 가족이 늘어나고 코로나 바이러스와 다양한 사회 문제로 인해서 혼자 보내는 시간이 편해졌고 덩달아 혼밥도 익숙해지는 시대가 되었어요. 결혼을 기피하고 혼자 살려는 사람들이 많아지고 있습니다. 반려견이나 키우면서 편하게 살려고 하는 청년들이 많아져서, 따뜻한 집밥의 위력을 믿는 저는 가끔 너무 슬퍼져요. 우리 자녀들이 성인이 될 때쯤 그 수는 기하급수적으로 늘게 되겠죠.

세상이 그렇게 자꾸 변해가도 따뜻한 밥에서 오고 가는 정이 끊어지지 않았으면 좋겠어요. 우리 아이들은 경험하고 맛보았으면 좋겠어요. 아내가 지어내는 따뜻한 밥상에 아이들과 둘러앉아 피로를 풀고 특별한 정서를 날마다 먹고 마시고 채우면 좋겠어요. 자녀들이 그런 가정을 꿈꾸고, 그런 가정을 당연하게 여길 수 있도록 오늘도 부지런히 집밥을 지어냅니다.

김이 모락모락 나는 따뜻한 밥 한 그릇에 모든 게 다 담겨 있거든요.
엄마의 사랑과 엄마의 바람과 엄마의 상처와 엄마의 치유가 말이죠.

김이 모락모락 나는 따뜻한 밥,
좋은 반찬도 필요 없어요.
김치 하나 놓고 먹어도 정말 맛있는 밥이 그냥 갓 지어낸 밥이에요.
매일 다시 씻고 지어내는 정성이라는 값진 재료가 들어갔거든요.
엄마의 정성이라는 재료기요.
엄마의 사랑이라는 재료기요.
따뜻한 밥 한 공기면 아이들에게 건강한 정서를 심어줄 수 있어요.
그러니까 우리, 따뜻한 밥 해 먹어요.
대단한 반찬 없어도 갓 지어낸 맛있는 밥으로
우리 가정에 손님으로 온 귀한 우리 아이들 정성껏 대접해줄까요?

닮은 꼴 요리, 육아

'요린이' 새댁은 언제나 슬펐다

요리를 잘하는 사람, 못하는 사람 따로 정해져 있을까요?
굳이 구분을 해보자면 저는 요리를 정말 못하는 사람이었어요.

신혼 초에 몇 가지 밑반찬을 시도할 때마다 늘 실패하는 거예요.
방법을 충분히 알아본 후에 도전한 요리였기에, 실패는 언제나 큰 상실감을 주었어요. 준비한 재료가 아까운 건 물론이고 요리하는 시간에 공들인 나의 정성과 시간이 아까운 건 두 번째이고, 열심히 요리를 했는데도 결과물이 없어서 먹을 것이 없다는 사실은 세 번째로 슬픈 일이었답니다. 대단한 요리를 한 것도 아니에요. 미역줄기볶음이나 감자채볶음 같은 볶음요리가 그렇게 어려울 수가 없었어요. 늘 실패했고, 의기소침해져서 '다신 안 해'를 외쳐보았다가도 오랜만에 다시 도전해보면 역시나 실패로 돌아갔던 요리들이 대부분 '볶음 요리'였어요. 그 쉽다는 요리가 그렇게 어려울 수가 없었으니 저는 '요리를 못하는 사람'이 바로 나였구나 싶었죠.

어느덧 주부 경력 13년차가 되었어요.

내 손에서 웬만한 밑반찬과 메인요리가 뚝딱 만들어지고, 심지어 맛있기까지 합니다. 다양한 재료와 갖은 양념이 만나면 그때마다 다양한 맛을 내는 요리가 참 신기합니다. 경험과 손맛이 어우러져 더 깊은 맛을 냅니다. 내 손으로 완성된 화려한 요리를 보면서 문득 그때의 상실과 아픔이 기억났어요. 그땐 이 쉬운 요리가 왜 그렇게 어려웠을까요.

요리를 하면 할수록 요령이 생겼고, 요령이 생겨나면서 터득한 가장 중요한 사실은 바로 '불 조절'이었어요. '요리는 불 조절이 생명이다.'라는 말을 들어보기는 했는데요, 정작 요리하면서는 왜 기억이 안 났는지 참 모를 일이에요.

특히 제가 번번이 실패했던 미역줄기와 감자채볶음 같은 볶음 요리는 약한 불에 오래 볶아야 한다는 아주 쉬운 원리를 놓치고, 불 앞에서 전전긍긍했던 저의 어리석음에, 아직도 절레절레 고개를 저어댄답니다. 약한 불에 달달 볶았어야 할 재료들을 센 불에 볶아대며 오늘도 실패한 요리 앞에 서 있었던 제 모습에 말이죠.

아직 익지도 않은 감자가 타들어가기 시작하면 정작 불을 줄일 생각은 전혀 하지 못하고, 일단 식용유를 더 둘러대보고 물을 들이부어보는 거예요. 감자볶음은 이미 실패인 것을 알면서도 지푸라기를 잡는 심정으로요. 물과 기름을 아무리 부어보아도 살아나지 않는, 다 타들어간 감자볶음이 그렇게 얄미울 수가 없었죠. 요리를 하면 할수록 느끼게 되는 불 조절의 힘을 깨치고 나서야 제가 원하는 포슬포슬하면서도 단단하고 맛있는 감자볶음이 뚝딱 완성되네요. 아이들이 가장 좋아하는 밑반찬이에요. 아주 간단한 요령과 상식이 없어서 그렇게 불 앞에서 쩔쩔맸던 모습을 떠올리며 '이 쉬운 사실을 왜 그땐 몰랐나.' 싶었는데, 뭐든지 경험이 중요한 법이라는 사실을 다시 마음에 새겨보게 돼요. 주부 경력 13년 차가 되고 나서야, 신혼 시절 불 앞에서 쩔쩔맸던 미숙함을 돌아보면서 말이죠.

뭐든지 직접 해보고 부딪혀보고 경험해야 비로소 알 수 있는 것들

처음부터 잘하는 사람이 어디 있나요? 하면서 배우고 실패하면서 깨닫게 되는 거죠. 실패가 있었기에 그 실패를 돌아보며 나의 미숙함을 알게 되는 거고, 경험을 해봤기에 실패를 극복하기 위한 다양한 노하우를 찾아나가는 거죠.

직접 경험해봐야 깨닫고 느끼게 되는 거잖아요. 아무리 주위에서 '불 조절이 관건이다.', '요리는 정성이 필요하다.', '갖은 양념 넣고 버무리면 된다.'라고 말해줘도 도대체 불을 어떻게 조절해야 하는지, 어떤 정성을 쏟아야 하는지, 갖은 양념이란 도대체 뭘 말하는지 직접 해보고 경험해봐야 깨닫는 것이었어요. 숱한 조언 속에서 두드리고 건너보고 넘어지고 다시 도전하는 과정을 온전히 겪어야 진정한 내 것이 되는 것이고, '요리를 잘 못하는 사람'이라고 스스로를 단정 지었던 저는 이젠 '요리 좀 하는 엄마'가 되었습니다.

뭐든지 하면 할수록 잘하게 되어 있어요.

저에겐 요리가 그랬고 육아가 그랬어요. 첫째 아이는 어쩔 줄 몰라 쩔쩔매고 전전긍긍하며 키우다가, 둘째는 첫아이보다 더 여유를 가지고 키울 수 있게 되었고, 셋째는 정말 알아서 크는 것 같더라고요. 육아서적을 많이 보았지만 늘 현실과 이론은 철저하게 분리되었어요.

육아서적을 많이 봤다고 자부했던 저는 정말 자신도 있었어요. 하지만 실상, 현실 육아에서는 얼마나 많은 실수를 했는지 몰라요. 물론 도움도 많이 되었고, 아는 만큼 보이고 보이는 만큼 더 노력하게 되는 것이 있으니, 다양한 육아서적을 참고해야 하는 것은 맞습니다. 저도 육아서의 이론과, 이상적인 저자의 자녀들의 모습을 보면서 그런 부모가 되길, 그런 자녀가 되길 소망하고 부지런히 배워나갔죠.

하지만 머릿속에 가득한 이론은 실제 상황을 만나는 순간 아무것도 아닌 텍스트가 되어버렸어요. 실수를 하고 나서야 책에서 전문가가 조언해주었던 이론들이 머릿속을 스쳐 지나가는 거예요. 때는 이미 늦었습니다. 감정적으로 아이에게 상처를 주고 나서야, 건강한 정서를 심어줄 수 있는 긍정적인 언어와 대화법이 생각이 나는 거예요.

그 늦은 밤, 아이들을 재우고 돌아서며 힐끗 바라본 천사 같은 아이들의 얼굴 위로, 오늘 하루 저질렀던 무지막지한 실수들이 떠오르는지요. 잠든 아이의 머리를 어루만지고 조용히 문을 닫고 나와서, 아이들의 소음에 하루 종일 시달렸던 귀가 편안해지는 걸 느끼며 육아서적을 펼쳤어요. 읽다 보면 오늘 내 아이에게 저지른 실수들이 하나둘 떠오릅니다. 또 아차 하는 거예요. 아이들이 잠든 고요한 시간은 본의 아니게 늘 그렇게 성찰의 시간이 되었어요.

많이 자책하고 힘들었지만, 이제야 조금씩 깨닫습니다.

책으로 배우고 깨닫고 이론을 쌓아나가 보지만, 직접 경험해보지 못하면 그것은 진정한 깨달음이 아니라는 사실을 말이죠. 내가 직접 느끼며 부딪히고 내 앞에 문제와 직면하고 맞서 싸울 때, 그제야 나만의 방법을 찾아나가며 깨닫게 되는 것이고, 같은 실수를 하지 않기 위해 다짐하며 변화를 꿈꾸기 시작하는 거예요. 내가 걸어온 엄마의 길이란, 그런 시간의 반복이었습니다. 실수와 성찰과 반성과 변화를 도약하는 시간의 반복 말이죠.

그렇게 다양한 경험을 했는데도 저는 여전히 또 실수하고 넘어집니다.

오늘도 실패했다고 포기하지 말고, 더 나아질 내일을 기대하며

요리도 육아도 하면 할수록 더 잘하게 되는 게 맞습니다. 실패와 경험을 가지고 나만의 노하우를 만들어나가며 조금씩 성장합니다.

그래서 이제는 실패를 좀 두려워하지 않기로 했어요.

날마다 실수투성이 엄마지만, 새롭게 마음을 다잡고 어제와 다른 시선으로 아이들 앞에 다시 서봅니다. 요리도 그래요. 어느 날은 맛있게 되는 날도 있고, 어느 날은 기대했던 맛과는 다른 맛을 내기도 해요. 하지만 그 맛은 가면 갈수록 깊은 맛을 낼 거예요. 포기하지 않고 붙들고 있으면 말이죠. 육아도 그럴 테니 우리 자꾸 부딪혀봐요.

하면 할수록 잘하게 되어 있는 요리처럼, 육아도 하면 할수록 잘하게 될 테니까요. 처음부터 잘하는 사람 어디 있나요. 하면 할수록 잘하게 되어 있으니 오늘 실패해도 다시 또 해보는 거예요. 아이들이 보여주는 한결같은 사랑과 신뢰를 의지하며 말이죠.

요리 정말 못했는데
하다 보니 잘하게 되네요.
육아 정말 자신 없었는데
하다 보니 요령이 생기네요.
뭐든지 하면 할수록 잘하게 되네요.
뭐든지 포기하지 않으면 되는 거네요.
포기하지 말고 자꾸 해보자고요.
실패하면서 경험하고 깨닫게 되는 것이
진정한 내 것이 되는 것이고 진정한 앎이 되는 거니까요.
실수해도, 그 실수가 피가 되고 살이 되는 거니까
우리 그만 자책하고 좀, 쿨해지자고요.

　2만 원을 들고 장을 보러 갑니다.

　가끔은 만 원만 들고도 가요. 하루에 2만 원만 식재료로 사용하려고 노력하고 있는데요, 요즘 물가가 너무 올라서 겨우 2만 원 가지고 뭘 사나 싶기도 하지만, 식단을 계획해서 정하고 거창하지 않더라도 식구들이 좋아하는 한두 가지 메뉴를 잘 선정하면 2만 원으로 장보기 어렵지 않아요. 하지만 하루 식비를 2만 원을 넘기지 않고 사용하는 것은 절제가 필요합니다. 어떤 날은 2만 원을 다 쓰지 않고 몇천 원이라도 남겨보려 노력하기도 해요. 신용카드나 체크카드를 사용하는 것보다는 현금을 사용하면 더 좋아요. 만 원, 천 원, 오백 원짜리 동전들이 손 안에 굴러다니면 더 남기고 싶고 더 아끼고 싶어지는 주부근성이 나옵니다. 그리고 무조건 가계부를 써야 해요. 집밥을 먹고 남은 식재료로 다음 식단을 짜며 장을 보니, 장을 보는 재미와 가계부를 쓰는 재미에 푹 빠지게 되었어요. 2만 원을 가지고 어떻게 지혜롭게 소비할 수 있을지 행복한 고민에 빠지는 거죠.

세상에서 가장 맛있는 돈 맛, 느껴보고 싶어 죽겠어

50억 부자아빠가 아들에게 담백하게 들려주는 재테크 서적, 『아들아 돈 공부해야 한다』 정선용 저자의 아내는 근검절약하며 부지런히 집밥을 챙겨 먹으면서 늘 세 가지의 돈 맛을 누누이 강조했다고 했습니다.

첫째, 아끼는 맛,

둘째, 돈을 잘 쓰는 맛,

셋째, 돈을 모으는 맛.

소박하고 검소한 삶을 살아내며 돈을 아끼고 지혜롭게 사용하는 것에 힘썼고, 모으는 맛에 빠지기 시작하면서 종잣돈을 모으기 시작했고, 종잣돈으로 아파트에 투자하면서 진정한 돈 맛을 보게 되었다는 거예요. 누구나 그 맛을 좋아하겠지만, 돈이란 것이 쓰기는 참 쉬워도 모으기는 어렵잖아요. 아끼는 맛도, 잘 모으는 맛도 저에게는 참 어려워요.

재테크 서적을 읽어가며 그 아끼는 맛을 느끼고 싶어서 잠시, 허리띠를 졸라매어보다가도 이내 억눌렀던 소비 욕구가 결국은 활화산처럼 폭발해버리기 일쑤였어요. 좀 모았다 싶으면 돈 쓸 일이 금방 생기고 말이죠.

겉모습은 궁상맞아 보여도 통장엔 누구도 상상할 수 없는 현금이 수북하게 쌓여 있는 삶, 어떤가요? 겉모습은 화려하고 산뜻하지만 정작 그 인생은 마이너스 통장인 삶이란 것을 알았을 때, 어떤 생각이 드시나요? 저는 부끄럽지만, 내면은 텅 비어 있으면서 겉모습을 꾸미는 데만 혈안이 되어 있었던 사람이었어요. 후자에 가까운 사람이었죠. 어제보다 더 나은 나를 꿈꾸며, 무지한 경제관념에서 벗어나보고자 재테크 서적을 읽으며 노하우들을 터득하기 시작하자 소비 패턴도 달라지기 시작했어요.

식탐을 덜어내고 식비를 절감하며 건강까지 챙길 수 있는 일석 삼조의 집밥의 매력에 꽂히게 되었습니다. 정선용 저자의 아내는 밥 냄새를 온몸에 뒤집어쓰면서 집밥을 부지런히 지어낼 때, 그 아끼는 맛을 너무 사랑했다고 고백했는데, 순간 구질구질하게 느껴질 수 있는 그 모습이 너무 지혜롭고 사랑스럽게 느껴지기 시작했어요.

그리고 그 모습이 나의 모습이 되길 꿈꾸며 부지런히 집밥을 지어내고, 나도 온몸에 밥 냄새를 뒤집어쓰는 그 시간을 사랑하게 됩니다. 그렇게 건강한 돈 맛을 알게 된 뒤로부터는 전에 느끼지 못했던 짜릿한 그 맛. 아끼는 맛, 잘 쓰는 맛, 모으는 맛에 흠뻑 빠지게 됩니다.

2만 원으로 알뜰살뜰 장을 봐 와서는, 온 집안에 음식 냄새를 풍기며, 그 냄새를 흠뻑 뒤집어쓰고 집밥을 지어내며 건강한 돈 맛을 보기 시작했지만, 저는 그렇게 검소한 여자가 아니었어요. 검소하지 않았던 여자가 근검절약에 눈을 떴으니 얼마나 힘들었겠어요.

열심히 노력했지만 돈 쓰는 습관과 패턴은 한 번에 잡히지 않았어요. 참고 아끼다가 스트레스를 받으면 그동안 아껴놓은 돈을 한 방에 써버리기도 하고, 남편이 열심히 벌어온 돈으로 꽃집, 빵집, 옷가게를 돌고 돌며 소비를 즐겼고, 손에 쇼핑백이 바리바리 들려 있는 내 모습이 세상에서 제일 근사해 보이는 거예요. 그랬던 제가 이제는 건강한 집밥을 추구하며 조금씩 아끼고 절약하는 모습으로 변화하기 시작했습니다.

남편은 늘 빠른 은퇴를 꿈꾸고 있고, 남편이 일할 수 있는 시간은 그리 길지 않아요.

우리는 남편이 은퇴하면 더 많은 돈이 필요하겠죠. 그동안 실컷, 폼 나게 써온 저는 이제부터라도 부지런히 집밥을 지어내며 근검절약에 눈이 밝은 주부의 삶을 살아내보고 있습니다. 진작 이렇게 살았더라면 우리 집 가계 형편이 어땠을지 가끔은 가슴이 쓰려오기도 해요. 하지만 이제라도 깨달아서 다행이라며 짠돌이 남편은 언제나 저에게 응원을 보내줍니다.

2만 원으로도 풍성한 한 끼를 차려낼 수 있더라고요.

오늘은 만 원만 쓰고, 내일 3만 원을 써도 괜찮아요. 하루 2만 원을 벗어나지 않으면서 식단을 잘 짜고, 지혜롭게 장바구니를 채우면 건강한 돈 맛을 느끼게 됩니다. 그래서 저는 오늘도 앞치마를 질끈 동여매보아요. 건강한 돈 맛은 바로, 내 손에서 나오니까 말이죠.

내 손을 조금 부지런하게 놀리면
건강하고 담백한 집밥으로 풍성하게 배불릴 수 있고
자작 끓이는 건강한 돈 맛도 맛볼 수 있어요.
고정 지출은 조절하기가 어렵지만
가장 아끼기 좋은 지출이 바로 식비입니다.
배달음식 줄이기,
외식 줄이기만 해도
식비가 반으로 줄어들어요.
지혜로운 주부의 손 끝에서 나오는 건강한 돈 맛,
집밥이 시작입니다.

양심이 점점 없어지고 뻔뻔해지는 '퍼가요'의 당당함

신용카드를 잘라버렸어요. 오랫동안 신용카드의 편리함에 녹아들어 조금씩 사용했는데요, 적은 금액으로 누적되기 시작한 신용카드 사용대금은 절제하며 사용한다고 하는데도 눈덩이처럼 금방 불어나는 것이 참 무섭습니다.

어느새 산더미처럼 쌓여서, 더 이상은 내가 감당하기 못할 무서운 빚으로 얼굴색을 바꾸며 나를 위협하기 시작하는 거예요. 정말 내가 쓴 금액이 맞는지 혈안이 되어 사용 내역을 꼼꼼히 뒤져보아도, 반박할 수 없는 빚의 노예가 되어버립니다.

터무니없이 써버린 신용카드 결제대금은 신랑이 열심히 벌어온 월급의 일부를 양심의 가책이나 미안함 없이, 당당하게 퍼갑니다. 다신 쓰지 말자고 다짐해보지만 이미 월급의 일부를 신용카드 결제대금으로 내어주기 시작했기 때문에, 그만큼의 구멍이 계속 생겨나고요, 구멍을 메우기 위해 다시 신용카드를 사용할 수밖에 없게 되는데, 문제는 늘 그 구멍보다 더 큰 금액으로 소비를 하게 되는 이상한 패턴이 생긴다는 사실이에요.

신용카드를 사용하는 빈도와 금액이 불어나게 됩니다.

이상한 패턴을 좀 멈추고 싶어서, 신용카드를 잘라버렸어요. 현금을
쥐고 장을 보는 것과 신용카드를 쥐고 장을 보는 것은 천지차이예요. 사
용할 만큼의 현금만 쥐고 장을 보러 나가면, 더 사고 싶어도 살 수가 없
는 거예요. 돈이 없으니까요. '불쌍하고 처량한 내 신세.'라며 한탄이 나
올 때도 있지만, 손안에 쥐어진 만큼의 절제 있는 소비를 할 수 있게 되
고, 꼭 필요한 것이 아니면 눈길도 주지 않게 됩니다. 내 손안에 쥐어진
현금이 더 소중하게 느껴져서 허투루 사용할 수 없게 돼요. 갑자기 먹고
싶은 것이 있어도, 가지고 싶은 것이 레이더망에 걸려도, 수중에 정해진
돈이 있기에 금액에 맞춰 소비를 하거나 포기를 하게 됩니다.

하지만 신용카드를 쥐고 있을 땐 얘기가 좀 달라져요.

마트에 있는 먹음직한 음식은 다 내 것이 되고요, 당장 먹고 싶은 음식
이 아니어도, 꼭 필요한 것이 아니어도 합리적인 가격으로 느껴지는 속
임수에 넘어가는 순간, 고민 없이 장바구니에 담아냅니다. 신용카드의
잔고는 무한하고, 의식주의 커다란 욕망 앞에서 달콤한 유혹을 도무지
이기기가 쉽지 않아요. 이런 무모한 사용을 초래하는 신용카드의 문제를
누구나 알고 있지만 편리함을 끊어내는 건 너무 어려워요.

신용카드를 가지고 대형마트에 갈 때, 필요 없는 소비를 정말 많이 하게 됩니다.

저의 신용카드 한도는 통장 사정과는 상관없이 모든 욕구를 채워주니 말이죠. 물가가 많이 올라서 장바구니를 채우기가 겁이 나는 요즘이죠. 대형마트에 가서 스트레스를 풀 듯, 한껏 담아 카트를 가득 채우고 나면 10만 원이 훌쩍 넘었던 그 시절이 그리워요. 10만 원이 뭐예요. 요즘은 20만 원에서 30만 원이 훌쩍 넘습니다. 5만 원 쓰는 것도 물 쓰는 것처럼 정말 쉽더라고요. 물욕을 담은 건지 뭔지 모르게, 혼자 들지도 못할 정도로 푸짐하게 장을 봐왔는데도, 참 이상하죠? 막상 식사시간엔 딱히 먹을 것이 없는 허탈한 순간은 저만 그런 거 아니죠? 그래서 저는 대형마트에도 잘 가지 않아요. 안 사도 되는 걸 너무 많이 사게 되고 그 욕구를 절제하기가 힘이 들어서요. 카트에 가지런하게 진열된 물품들은 늘 저를 유혹해요.

그런 유혹을 이겨낼 자신이 없어서 저는 대형마트에 잘 가지 않고, 먹고 싶은 메뉴에, 가족들이 좋아하는 메뉴로 식단을 짜서 필요한 재료들을 사러 집 근처, 가까운 식자재 마트를 이용합니다. 더 아끼고 절약할 수 있어요.

공공의 적, 신용카드. 지갑에서 사살시켜버리다

　많은 재테크 서적에서 빠지지 않고 이야기하는 것은, 신용카드를 잘라버리고 직불카드를 사용해야 한다는 것 아닌가요? 여전히 재테크의 시작은 신용카드 사용하지 않기가 맞습니다.

　가지고 싶은 게 있어도 그것을 지불할 수 있는 현금이 수중에 없다면 그건 내가 가질 수 없는 것인데, 신용카드가 있다면 이야기가 달라집니다. 나는 그것을 가질 수 있는 능력 있는 사람이 되지요. 유혹을 잘 이겨내고 계획적으로 소비하며 지출을 관리해야 하는데 참 쉽지 않습니다. 저는 특히 갖고 싶은 게 있으면 참지 못하고 유혹을 이겨내는 것이 쉽지 않았어요.

　신용카드가 없으면 유혹을 이겨내기가 좀 쉬워지지 않을까 싶어, 신용카드를 잘라버렸습니다. 돈을 잘 모으지 못하는 사람이었던 제가 집밥을 지어내며 재테크에도 눈을 떴어요.

　한 푼 두 푼 아끼려고 노력하다 보니 더 치열하게 장을 봐다가 집밥을 지어내네요. 그러다 보니 요리까지 잘하게 된 것은 생각지 못했던 보너스예요.

　돈을 잘 모으지 못하는 사람이여서, 유혹을 이겨내기가 쉽지 않은 사람이여서 신용카드를 잘라버렸어요. 신용카드가 없어야 더 건강한 돈 맛을 맛볼 수 있으니까요.

신용카드의 한도는 내 잔고와는 별개예요.
신용카드를 사용하다 보면 소비가 커질 수밖에 없어요.
아무리 절제하고 지혜롭게 사용한다고 해도,
눈에 보이는 지출이 아니다 보니,
문자로 고스란히 그 내역을 받아보긴 하지만,
크게 와 닿지가 않아요.
신용카드 없이 현금을 사용하는 즐거움이 얼마나 큰지 아시나요?
그 아끼는 맛이 얼마나 통쾌한지 모르시죠?
저도 몰랐는데요.
그 맛이 세상에서 가장 건강한 돈 맛이네요.

귀찮은 마늘 VS 가장 귀한 마늘

귀한 육쪽마늘, 포기할 수도 없고 깔 수 있는 여유도 없고

시골에서 친정아버지가 마늘을 한 접 보내주셨어요. 귀한 육쪽마늘이에요. 이 시기에만 나오는 지역 특산품이기에, 친정아버지는 매해 이맘때쯤 마늘을 보내주신답니다.

처음에 받았을 땐, 귀한 식재료이니 버리지 말고 잘 먹어야지 생각해요.

하지만 제대로 먹어본 적은 거의 없는 듯합니다.

방대한 양의 마늘의 껍질을 벗기고 다져넣는 작업이 엄두가 안 나요. 바로바로 까먹으면 조금 편하긴 하지만, 금방 말라 썩어버렸어요. 껍데기만 남은 마늘을 보며 안타까워하면서 아빠에게 죄송한 마음만 커지는 거예요. 지인의 친정어머니가 이 안타까운 초보 엄마의 사정을 들으시고는 "다 까줄 테니 가지고 오라"고 하셨어요. 어찌나 감사하고 기뻤던지, 구세주를 만난 마음으로 마늘을 품에 끌어안고, 뒤로는 어린 아기를 들쳐 업고 그 집으로 향하던 발걸음이 아직도 생생합니다. 당시 돌이 조금 지난 큰아이를 키우고 있었고, 육아전쟁만으로도 벅찬 초보 엄마라서,

마늘의 소중함이란 그저 먼 나라 이야기였어요. 모든 초점이 육아에 맞춰져 있었고 아이가 어리다 보니 요리의 기본이 되는 마늘을 쓸 일이 그리 많지도 않았죠. 그런 저에게 친정아버지가 보내주시는 귀한 육쪽마늘은, 값진 양식보다는 안 받기는 어쩐지 아쉽고 받고 나서는 처치곤란인 귀찮은 식재료였어요.

또 마늘을 보내주셨습니다.

이번에는 고민 없이 모두 시어머님께 드렸는데요, 시어머님이야말로 귀한 마늘을 온전히 사용할 수 있는 분이라는 생각이 들었기 때문이에요. 시어머님은 정말 기쁜 마음으로 마늘을 받아주셨고 손수 마늘을 까고 곱게 다지셔서는, 냉동실에 두고 먹으라고 챙겨주기까지 하시니 완벽한 주인을 만났다고 생각했죠. 하지만 몇 번 드리고 나니 손이 민망해지기 시작했어요. 마늘을 까고 다지는 일이 고된 일인 것을 알았기에, 손 하나 까딱하지 않고 어머님께서 곱게 다져주신 마늘을 받기만을 소망하는, 어쩐지 얄미운 며느리같이 보일까 싶어 드리기가 조심스러워졌어요. 시어머님께 노동을 선물하는 듯, 민망한 기분이 들자 깔끔하게 마늘을 포기했습니다. 아버지가 보내주시겠다고 하셔도 안 받았어요. 그냥 필요할 때 마트에서 조금씩 사다 먹으니 마음도 훨씬 편했죠. 육쪽마늘에서만 느낄 수 있는 풍미는 포기해야 했지만요.

매년 마늘과 씨름 아닌 씨름을 하며 사투를 벌인지 벌써 10년이 넘어가네요.

이제 주부 경력도 13년 차. 육아 경력도 13년 차인 베테랑 주부가 되었어요. 집밥에 신경 쓰다 보니, 모든 요리의 풍미와 완성도를 높여주는 마늘의 소중함을 체감하게 되었어요. 마트나 인터넷에서 싸게 파는 마늘과 제철에 손수 작업해 냉동실에 수고를 쌓아놓은 마늘의 맛이 얼마나 큰 차이인지 알게 되었죠.

몇 해 동안 받지 않았던 마늘을 올해는 야심차게 한 접 다 받아보겠다며 친정아버지에게 당당하게 주문을 했습니다. 작고 알찬 육쪽마늘이 마늘망에 쌓여 다소곳이 담겨왔어요. 주부 경력 13년 차가 되자, 매년 골치덩어리였던 이 작은 마늘망을 들어 보이며 행복이 절로 느껴지네요. 다부지게 마음을 먹고 조금씩 까기 시작했어요.

욕심내서 까다 보면 스트레스를 받을 것 같아 일단 두 주먹씩 물에 담가놓고 틈틈이 까기 시작했죠. 두 주먹쯤 담가 놓은 물을 흠뻑 먹은 마늘을 까기는 생각보다 어렵지 않네요. 작정하고 집중하면 30분이면 충분했어요. 그때가 아이들의 방학이 한참이었을 때인데, 부지런한 아이들과 아침 일찍 집을 나서 여유롭게 박물관을 거닐고 체험했어요. 오전 관람을 마치고 오후에 집에 돌아와서는 틈틈이 마늘을 까대는 내 모습이 왜 이리 낯설고 재미있는지요.

한쪽에서는 부지런히 마늘을 까고, 한쪽에서는 능숙하게 저녁밥을 지어내는 모습에 주부 9단, 프로의 냄새가 절로 납니다. 한결 수월해진 육아와 손에 익은 살림살이로 모든 것이 능수능란해진 제 모습 너머로 문득, 그 시절이 생각이 났어요. 아이들을 뒤로 업고 앞으로 업으며 어린 아이들과 씨름하던 그 시간들이요.

마늘을 까고 쟁일 수 있는 여유가 정말 오긴 오는 구나

한가로이 마늘을 까고, 고깟 마늘 하나 까면서도 행복을 느낄 수 있는 주부 9단의 여유는 아주 자연스럽게 찾아오는 것이었어요.

무슨 마늘 하나 깐 거 가지고 이렇게 호들갑을 떠느냐고요? 어린 아이들을 키우느라 마늘을 까고 쟁이는 일이 참 쉽지 않았던 그 시절이 떠올랐기 때문이에요. 마늘이 썩어가는 것을 보고 있으면서도, 아이를 업고 달래느라 손쓸 수 없었던 그때가 떠올랐기 때문이에요. 어느새 저는 능숙하게 요리를 하면서도 마늘을 까내고 있네요. 그런 변화가 반갑고 설레었어요. 신바람이 나서 며칠 동안 마늘을 깠습니다. 뽀얀 속살을 드러낸 마늘이 수북이 쌓이기 시작하네요. 내 손으로 직접 깐 오동통한 마늘을 갈아 비닐 팩에 담아놓자, 세상 부자가 된 기분이 들었습니다. 통쾌한 성취감이었죠. 주부로서 가장 든든한 총알과 무기는 다른 것이 아닌, 냉동실에 직접 갈아 넣은 '국산 마늘'이라는 사실에 자부심을 느끼며 "나는 마늘 부자다!"라는 외침이 절로 나왔답니다.

　마늘을 까는 재미에, 그 마늘을 갈아버리는 통쾌함에, 간 마늘이 두둑이 담긴 지퍼 백을 냉동실에 쟁여둘 때 느끼는 풍족함에 이제야 눈을 떴네요. 그러니까 호들갑 좀 떨어볼게요.

　마늘의 소중함을 아는 저는 진정한 주부 9단이 된 느낌이에요. 그 길은 하루아침에 주어지지 않았어요. 아이들이 조금씩 커갈수록 생기는 여유와 맞물려 자연스럽게 찾아오는 것이었어요. 육아에 여유가 생기자, 보너스 같은 시간의 여백을 요리와 식재료에 신경을 쓰게 되는 자연스러운 변화가 저에게도 찾아오더라고요.

　요리의 '요' 자도 모르던 제가, 자꾸 요리를 하며 다양한 맛을 내는 법을 자연스럽게 알게 되네요. 요리를 하다 보니 마늘의 소중함을 절로 알게 되네요. 그러니까, 아직 어린 아기들을 키우는 엄마들은 마늘이 아까운 줄 알면서도 결국 썩어서 버리게 되는 마늘을 바라보며 너무 자책하지 말아야 해요. 그 과정을 마땅히 겪어야 해요. 그런 과정을 겪고 자연스럽게 시간이 흐르면 마늘 한 톨도 소중하게 여기고 대할 수 있는 진정한 주부 9단의 길에 들어서는 것이에요. 어린 아이들을 키우며 지금 당장할 수 없는 많은 일들 앞에서 좌절하고 우울해하지 말자고요. 자연스럽게 내가 하고 싶은 일을 할 수 있는 시간들이 찾아옵니다. 주부 9단의 길에도 자연스럽게 들어서게 되는 거예요.

저는 조만간 김치도 담게 되겠죠.

어린 아이를 둘러업고, 지인이 직접 만들었다는 김치를 맛있게 먹으며 신기했어요. 어떻게 이렇게 재료를 다 정리하고 버무려 김치를 만들고 할 수 있는지, 그런 시간과 여유가 어디에서 나는 건지 늘 생각했죠. 그런 시간이 나에게도 올까 싶었죠. 그리고 그런 시간이 온다면 '나는 절대 김치는 담그지 말아야지.' 했었죠.

하지만 그런 시간이 아주 자연스럽게 찾아왔고, 저는 이제 슬슬 김치나 담가 볼까 하고 있는 거 있죠.

어린 아이를 키우며 내 시간이 없다고,

너무 슬퍼하지 말아요.

그때는 어린 아기를 품에 안고

아이와 눈을 맞추고, 아이의 꽁무니를 따라 다니며

마늘 따위에는 신경도 쓰지 못하는 때가 맞아요.

마늘은 좀 썩어 버려지게 되는 것이 마땅한 때가 맞아요.

시간이 날 때 마늘을 까는 것보다

텔레비전 앞에서 리모컨을 까닥이고

읽고 싶은 책을 실컷 읽고, 수다나 실컷 떨고 싶은 때가 맞아요.

생각보다 금방 오네요.

시간이 남아 마늘이나 까고 있는 그 여유로운 시간이요.

엄마의 꿈은 거실에서 이루어졌다

건강한 정서, 생일상 3총사

　며칠 전 막내아이의 생일이었는데요.

　성대한 생일잔치와 비싼 선물은 없었지만 우리끼리 소소한 행복이 넘쳐났던 시간이었습니다. 형들은 며칠 전부터 막내의 생일 선물을 미리 고르고 준비했어요. 모아둔 용돈을 털어 다이소와 근처 문구점을 배회하며 막내아이가 좋아할 만한 장난감 한두 개를 사두었죠.

　평소 가지고 싶은 것이 많아도 너무 많은 막내아이가 장난감을 사달라고 할 때마다 "응. 그날 사줄게." 하고 미룰 수 있는 수단이 생일선물이었어요. 하지만 정작 생일이 되면 저렴한 선물만 골라대는 막내아이가 귀여우면서도 짠한 것 있죠. 엄마는 미루고 미루어두었으니, 더 좋은 선물을 인심 쓰듯 사줄 수도 있는데 늘 생각했던 가격대에 한참 못 미치는 선물을 신중하고 기분 좋게 골라요. 형들이 문구점에서 푼돈을 털어 준비한 몇천 원짜리 선물을 더 보태, 한상 가득 차지한 저렴한 생일선물을 한 아름 껴안고는 행복해하는 아이의 감성을 저는 더 배우고 싶습니다.

엄마가 손수 끓여준 미역국, 불고기, 잡채로 건강한 정서 채워주기

아이 생일이라고 잔뜩 장을 봐다가 미역을 불리고 야채를 썰어 잡채거리를 준비하고, 소고기를 재워둡니다. 한가득 장을 봐가지고 오면서 순간 내가 미련해보이기도 했어요.

고집스럽게 아이 생일상을 직접 준비해주면서도, 한편으로는 이렇게까지 고생할 필요가 있나 싶어지기도 하는 거죠. 근사한 곳에 가서 스테이크와 파스타를 즐기며 분위기를 한껏 내고 나면 눈도 즐겁고 입도 즐겁고, 몸도 마음도 즐거워요. 그렇게 아이들 생일을 기념하고 기억하는 것도 좋지만 어쩐지 저는 아이들 생일마다 생일상 3총사를 고집스럽게 추구합니다.

저희 친정어머니는 우리가 성인이 되고 나서야 엄마 노릇을 좀 했는데요. 그중에 가장 기억나는 엄마 노릇 중 한 가지가 바로 생일상 3총사였어요. 엄마는 생일날마다 한 솥 가득 미역국을 끓이고, 호호 불어가며 잡채를 버무리고, 보기만 해도 배가 불러지는 소불고기를 뚝딱 차려냈어요. 네 명의 딸들 생일마다 어김없이 그렇게 챙겨주었죠. 저는 엄마가 차려준 따뜻한 생일상이 너무 맛있었는데도, 행복한 표정과 마음을 감춰가며 입 속에 구겨 넣었어요. 어릴 때 받은 상처가 아직 엄마를 용서하지 못했을 때였지만, 엄마가 차려준 그 밥상의 정성과 따뜻함이 상처받은 아픔을 치유해준 것은 확실합니다.

그 기억을 떠올리며 어느새 저도, 엄마랑 똑같이 미역국과 소불고기와 잡채를 하고 있네요. 그 특별한 사랑의 힘을 믿거든요. 장을 보고 음식을 차려내는 노동이 단순하지 않지만 음식 냄새 가득한 집 안이 주는 건강하고 따뜻한 정서를 저는 늘 동경하고 추구해요. 그 만족은 요리의 고단함까지 덜어내줍니다. 남편은 나가서 편하게 한 끼 사 먹고 오자고 하지만, 저는 아이들 생일마다 꼭 이렇게 해주고 싶어요. 엄마가 생일마다 해주었던 미역국과 잡채와 불고기를 떠올리며 엄마표 밥상이 주는 정성과 건강한 맛도 함께 기억했으면 좋겠어요.

먹는 것 속에는 자연 본성의 '순환 이치'가 담겨 있다고 해요. 우리가 먹고사는 문화 속에도 삶과 철학이 고스란히 녹아 있다고 말이죠. 자연은 운동하고 변화하며 늘 새로운 것을 창조해냅니다. 우리는 그런 자연이 생산해낸 다양한 곡식과 채소와 고기를 식탁에서 만나죠. 재료를 통해 우리 손에서 또 새롭게 생산됩니다. 찰진 밥과 맛있는 반찬들로 말이죠.

먹은 음식이 다시 내 몸에서 다양한 효소와 혼합되어 물리적이고 화학적인 변화를 거쳐 배설물과 함께 또 다시 새로운 에너지를 창조해내는

'순환 이치'가 바로 그것이라고 하는데요. 어떤 음식을 먹든지, 먹는 것 자체가 순환이 되고 새로운 에너지를 창조해낸다는 거예요.

중요한 사실은, 집밥을 먹든 인스턴트를 먹든, 무엇을 먹기만 해도 순환이 되긴 하지만, 먹는다는 사실 자체가 아니라 '무엇을 먹고 어떻게 먹느냐'에 따라 에너지의 질이 결정되기 때문에 어떤 음식을 먹는지가 중요하다고 합니다.

자극적인 음식을 만나면 자극적인 에너지가 나오고 인스턴트 음식과 만나면 인스턴트 에너지가 나온다는 거예요. 정성이 담긴 음식을 만나면 정성스러운 에너지가 나온다는 책 속의 한 줄 문장에, 고단하게 집밥을 지어내던 내 손과 마음이 단 번에 위로를 받은 거 있죠. 송태인 작가의 『스토리텔링 인문학』이었습니다.

인스턴트의 유혹을 이겨내고, 집밥으로 사랑을 채워주기

먹는 것의 중요성은 익히 알고 있었지만, 우리가 먹는 것이 우리의 성품과도 연결된다는 저자의 말에 어쩐지 공감이 되었어요. 요즘 청소년들의 까칠한 성품은 요즘 아이들이 먹는 그것과 무관하지 않다는 거예요.

바쁘다는 핑계로 인스턴트 식품을 자주 먹다 보니 우리의 몸과 마음도 갈수록 차가워지고 거칠어지는 것이라는 송태인 저자의 말에, 며칠 전편의점에서 두 손 가득 인스턴트 음식을 담고 계산하려고 줄 서 있는 학생들의 모습이 떠올랐어요. 지금은 아이들이 어려서 내 손의 에너지를 입고 탄생하는 따뜻한 집밥을 먹일 수 있지만 클수록 친구들과 밖에서 즐기는 인스턴트 문화에 자연스럽게 노출되겠죠. 그 순간을 나는 지켜줄 수 없고 차단할 수 없어요. 그래서 아이들이 어렸을 때, 집밥을 많이 해주려고 노력해요.

저는 부족한 엄마지만 저만의 따뜻한 감성과 사랑이 있어요.

아이들에게 차가운 식판에 밥을 차려주면 편하지만, 도자기 그릇을 있는 대로 다 꺼내어 음식을 예쁘게 담아내고야 마는 저만의 감성이 있어요. 엄마로서 할 수 있는 가장 좋은 것은, 앞치마를 매고 자연의 이치를 깨달으며, 식탁 위에 오른 식재료를 손질해 건강한 맛으로 바꿔내는 것이더라고요. 저는 그 일을 아직까지는 사랑하고 있고, 아이들도 남편도 맛있게 먹어줍니다.

자녀들이 원하는 것들을 가만히 보면, 맛있지만 차가운 인스턴트뿐이에요.

유혹을 최대한 뿌리쳐보는 거예요. 마트에 장을 보러 가도 구미가 당기는 다양한 식재료들은 조리하기도 편리한 인스턴트뿐입니다. 그 유혹을 이겨내고 외면하며 야채와 고기를 담아내는 일은 쉽지 않은 것 같아요. 선택의 여지가 없는 것 같아 보일 때도 있지만, 인스턴트를 담지 않으려고 최대한 노력해요.

아이들 생일에도 외식의 유혹을 뿌리치고 엄마의 감성을 듬뿍 담아줄 수 있는 생일상 3인방을 부지런히 차려내봅니다. 따뜻한 내 요리가 정성스러운 에너지로 흘러들어가 건강한 에너지로 순환될 수 있기를 간절히 바라며, 이번 아이들 생일에도 근사한 곳에 가서 가볍게 즐기는 외식 대신 생일상 3인방으로 푸짐하게 차려내보는 거예요.

아이들 생일날,
특별한 곳에서 기념하는 것도 좋지만
장을 잔뜩 봐다가 미역국을 끓이고 잡채를 만들고, 소불고기를 볶아내요.
갓 지은 따뜻한 밥과 함께 도란도란 둘러앉아
서로의 생일을 기념할 수 있는 것이 그저 행복이지요.
스페셜하기보다는 따뜻하고 건강한 맛에 충실했지만
함께 둘러앉아 엄마의 손맛으로 버무려진 생일상 삼총사를
맛있게 먹던 그 따뜻한 감성이
살아가면서 아이들에게 큰 힘이 되어주길 바라봅니다.

미국에서 왔지만 미국의 문화와는 사뭇 다른 우리네 정서

미국 생활을 오래 하신 목사님께서 우리나라와 미국의 식생활 문화를 비교하며 문제점을 지적해주시는데 구구절절 공감이 되었어요. 알고 있지만 그러려니 하고 묵인하고 있던 한국 밥상의 불편한 진실이 눈이 확 띄었다고나 할까요.

우리는 사이좋게 둘러 앉아 각자 입에 넣었던 숟가락을 찌개그릇에 서로 담금질하며 정을 나누어요. 입에 댄 고추를 함께 찍어먹는 쌈장에 푹 담그며 정겹게 식사를 하죠. 정을 나눈다지만, 침을 나누는 거나 마찬가지 아닌가 싶은 불편한 진실은, 어제 오늘만의 문제는 아니지만 그에 반해 미국인들은 빵 하나를 먹더라도 깨끗하게 손을 닦은 후에 각자의 잼에 찍어먹으며 철저하게 개별적인 식사를 한다는 목사님의 말씀을 들으면서 우리나라와는 전혀 다른 그들의 수준 높은 문화의식이 갑자기 비교되기 시작하는 거예요.

'오가는 정'이 있는 우리나라의 밥상문화와 정서를 무시할 수 없지만, 개별적이고 독립적인 사상을 중요하게 생각하는 미국인들이 오히려 더 가정적이라는 사실은 참 아이러니한 것 같아요. 미국은 금요일이 되면 '불금'을 외치며, 일주일 동안 무탈하고 건강하게 지켜주심에 감사하는 마음으로, 사랑하는 가족과 시간을 보냅니다. 아이들과 눈을 맞추고 가족과 둘러앉아 맛있는 음식을 나누어 먹으며 바비큐 파티를 즐기죠.

반면 우리나라 불금은 어떤가요? '불금'이 이상하게 변질되어 '불금'이 되면 가족보다는, 친구들과 함께 밖에서 유흥을 즐기죠. 미국에서 왔지만 어쩐지 미국과는 완전히 상반된 분위기가 참 이상합니다.

엄마들은 또 어떤가요? '불금'이라고 내 아이들을 시댁이나 남편 찬스를 이용해 떼어놓고 마음 맞는 엄마들과 삼삼오오 모여 맥주잔을 부딪치는 자부타임을 간절히 꿈꾸고 자랑하네요. 갑자기 미국의 가정적인 분위기와, 그럴 수밖에 없는 환경이 참 부러워졌습니다. 반대로 가고 있는 우리나라의 문화가 참 안타까워졌습니다.

아이들과 식사시간, 늘 두려웠지만 차츰 찾아오기 시작하는 여유

아직 어린아이들이 있다면 식사시간은 비단 숟가락 전투뿐만이 아니라 그야말로 엄마의 고군분투의 현장이 됩니다.

아이들 손에 닿지 않는 반찬 챙겨주랴, 먹지 않는 반찬도 입 속에 골고루 넣어주랴, 흘린 거 닦으랴, 잔소리하느라 바빠 죽는 거예요. 아직 어린 아이들과 함께 하는 식시시간은 늘 곤혹이었어요. 엉덩이 붙일 틈 없이 분주하게 뒤치다꺼리하며 숟가락과 젓가락을 놓았다 들었다 합니다. 소위 말하는 '밥이 입으로 들어가는지 코로 들어가는 모르겠는' 식사를 했으니 식사시간이 즐거울 리가 없죠. 이렇게 먹을 바엔 안 먹는 게 나았어요.

따뜻한 밥을 포기하고, 아이들이 다 먹고 난 후에 숟가락을 들기도 했습니다. 다 식고 볼품없어진 반찬들을 잔반 처리하듯 먹어치우게 되니 입맛도 사라져, 출산 후에 그렇게 빠지지 않고 밀착되어 있던 체지방이 5kg 정도 감량되었어요. 강제 다이어트가 따로 없는 거예요. 처음엔 살이 절로 빠졌다며 쾌거를 불렀지만 나중엔 건강이 걱정되기 시작했어요. 아직 어린 아이들과 함께하는 식사시간은 큰 산을 넘어야 하는 무거운 과제처럼 여겨졌고 늘 두려운 시간이 되었습니다.

그러던 중 우연히 '혼밥 식기세트'를 알게 됩니다.

혼밥 식기세트라니, 뭔가 외로워 보이지 않나요?

혼밥을 별로 좋아하지 않아 살짝 반감이 생기긴 했지만 막상 받아 보니 전혀 그렇지 않았어요. 감성 넘치는 식기로 정갈하게 1인식을 차려낼 수 있네요. 원목 트레이에 저마다 다른 감성을 담고 있는 도자기 그릇에 따뜻한 음식을 골고루 채워주자 어느 음식점 부럽지 않은, 감성 넘치는 밥상이 차려졌어요. 차가운 식판과는 전혀 다른 감성을 내는 개별적인 식사가 가능해진 거예요. 어린아이들이 있는 집은 식판을 많이 사용하죠. 식판에 차려주면 조금 수월하긴 한데요, 저는 차가운 식판에 음식을 담아주는 것이 영 내키지가 않아요. 학교나 유치원에서, 급식실에서 배급받아 식사를 하는 아이들의 모습이 떠오르면 식판에 영 손이 가질 않는 거예요. 점심에 급식을 먹고 돌아온 아이들이 가정에서 식사할 때는, 예쁜 그릇에 담겨진 음식으로, 집에서만 느낄 수 있는 특별한 감성으로 식사시간을 채워주고 싶었어요. 설거지하기 좀 귀찮긴 해도, 갓 지은 찰진 밥과 뚝딱 만들어낸 밑반찬과 요리들을 예쁜 도자기 그릇에 조금씩 담아낼 때 저는 참 행복했어요.

아이들이 아직 어리지만, 개별 식사를 추구하게 된 시작은 미국 문화와 상반된 위생 문제가 크게 부각되었기 때문이에요. 개별 식기 사용은 위생적이에요. 우리나라의 식사문화의 단점을 보완할 수 있었어요. 혼밥 식기 세트로 차가운 식판에서는 절대 느낄 수 없는 감성을 담아 개별적인 식사를 준비하게 되었습니다. 음식을 더 먹음직스럽고 예쁘게 담아낼 수 있어서 좋았죠. 아이들이 잘 먹고 좋아하는 반찬을 조절해서 각각 담아내니 아이들도 맛있게 먹는 재미를 스스로 찾아가는 듯했어요. 흘려도 원목 트레이가 다 받아내고 있기에 무관심할 수 있었고, 정갈한 느낌의 트레이와 식기 앞에서 아이들도 왠지 덜 흘리려고 노력하는 것 같았어요. 물까지 완벽하게 세팅해주니 전에 없던 여유가 흘러넘칩니다. 물론 차리기 전 그릇을 세팅하는 것이 만만치 않고 설거지가 많아져서 번거롭긴 하지만 장점이 훨씬 많아요. 무엇보다 아이들과 식사하는 시간이 참 즐거워졌습니다.

아이들도 말합니다. 맛있는 음식점에서 날마다 식사를 하는 기분이라고요.

우리 집에 식당을 차려서 손님을 받을 수는 없느냐고 말하네요.

늘 거창하게 차려주는 건 아니에요. 그래도 항상 원목 트레이에 도자기 그릇 하나하나를 꺼내어 정성껏 세팅을 해봅니다. 식사를 차리는 고단함을 저만의 감성으로 바꾸어보는 거예요. 배달음식을 사 먹기도 해요. 배달음식의 묘미는 설거지를 하지 않아도 되는 거잖아요. 하지만 저는 배달음식도 다 꺼내서 도자기 그릇에 다시 담아내요.

그냥 그게 좋아요.

감성 넘치는 저라서, 원목이 주는 따뜻함과 끼니 때마다 정성스럽게 요리한 음식들이 묵직한 도자기 그릇에 담겨질 때, 그게 참 좋아요. 도자기 그릇이 주는 묵직함이 참 좋아요. 저만의 부엌에서, 저만의 감성으로 아이들과 식사 시간을 진심으로 즐기는 방법을 하나하나 찾아 나가보는 거예요. 그러면 집밥을 차려내는 손이 덜 고단해졌거든요.

아이들과 식사하다 보면
밥이 코로 들어가는지, 입으로 들어가는지 모르겠어요.
밥상 앞은 전쟁터가 따로 없었어요.
아이들이 어느 정도 크고 나니
도자기 그릇에 개별 음식을 담아줄 여유도 생겨납니다.
이렇게 개별 식기를 사용해서 식사를 하니까 색다른 감성이 있어요.
무엇보다 아이들과 함께하는 식사시간이 너무 즐거워졌습니다.
아이들과 대화를 나누며 저도 우아하게 식사를 즐겨보네요.
아이들과의 식사 시간은 늘 전쟁이었는데
우아하게 식사할 수 있는 날이 오긴 오네요.

상처도 사랑으로 치유하는 힘, 모성애

김밥은 언제 먹어도 늘 맛있죠.

김밥은 우리 집 아이들 모두가 좋아하는 메뉴이고, 평소에 잘 먹지 않는 갖은 야채를 듬뿍 넣어 먹일 수 있으니 엄마도 마음에 드는 메뉴입니다. 참기름과 통깨를 아끼지 않고 팍팍 넣어 비벼낸 고소한 밥과 어우러진 김밥은 시중에서 판매하는 맛과는 비교할 수 없는 고소함과 담백함의 끝판을 보여줘요. 밥과 야채가 들어간 양을 생각하면 꽤 많은데도 하나둘, 주섬주섬 먹기 시작하면 김밥 2~3줄을 순식간에 먹어치웁니다. 바로 싸서 먹어도 맛있고 조금 두었다가 먹어도 참 맛있는 넉넉한 음식이 김밥인 것 같아요.

진땀이 뻘뻘 났던 김밥도 이제는 능수능란하게 10줄 뚝딱

내 손으로 처음 김밥을 만들었던 날은, 큰아이가 처음 소풍을 가던 날이었어요. 갖은 재료를 사놓고 꼭두새벽에 일어나 밥을 지어 정성 가득 김밥을 쌌어요.

처음 싸는 김밥이고, 아이의 소풍 도시락으로 결과물을 내놓아야 하는 김밥이기에 겁을 잔뜩 집어먹고 긴장했답니다. 첫 김밥치고는 성공적이었고, 아이도 맛있게 먹어주었어요.

맛이 없을 수 없는 맛 보장 김밥이기에 가능한 결과물이지만, 모양이 영 마음에 들지 않는 거예요. 꼭꼭 잘 말았다고 생각했는데 김밥 속이 왜 이리 부실하게 느껴지는지 빈 구멍이 송송 뚫려 있었죠. 모든 재료를 다 넣었는데도 색 조합도 마음에 안 드는 거예요. '당근을 다른 곳에 놓았어야 했나? 계란을 당근 옆에 두었어야 했나?' 아쉬움 가득 남는 김밥이었지만 다른 간식과 과일을 곁들여 도시락 통에 담아내니 다행히 덜 초라해 보였습니다.

생애 첫 김밥 싸기에는 성공했지만, 다들 김밥처럼 쉬운 게 어디 있냐고 하는데, 저에게는 너무 어려운 요리가 되어버렸어요. 진땀이 뻘뻘 났고요, 소풍날 하루쯤은 예쁘게 포장해서 도시락 용기에 담아주는 시판용 김밥을 사주는 게 낫겠다 싶기도 했어요. 아이들도 어렸고 남편도 김밥을 좋아하지 않기에 남은 재료를 해치우는 일도 숙제처럼 느껴졌어요.

하지만 소풍 가는 날 만큼은 엄마가 직접 싸준 김밥을 도시락에 담아주고 싶었어요.

아침 일찍 일어나 김밥 재료를 늘어놓고 분주하게 김밥을 싸는 엄마의 모습을 보면서 소풍날 느끼는 설렘을 더 보태주고 싶었고, 엄마가 김밥을 싸줄 때 야금야금 햄과 맛살을 빼 먹는 재미도 놓칠 수 없죠. 싸기 힘들고 어려운 김밥이라지만 아이들 소풍날마다 김밥을 쌌습니다. 포기하지 않고 쌌더니 이제는 능수능란하게 김밥 10줄을 순식간에 말아냅니다.

김밥에 얼룩진 상처와 아픔, 엄마가 되어 김밥을 말면서 치유되다

또 아픈 이야기 하나 꺼내와 볼까요. 저는 엄마가 싸준 김밥을 가지고 소풍을 간 적이 한 번도 없었어요.

엄마는 아들을 낳고 싶었지만 자신의 소원과 무관하게 딸만 넷을 낳았고, 그래서인지 우리에게 많은 관심을 두지 않았어요. 그 많고 많은 딸들 중에 셋째 딸의 소풍날을 기억해기란 엄마에게 쉽지 않은 일이었을 거예요.

엄마는 소풍날에 김밥을 싸준 적이 한 번도 없었고, 저는 김밥도 없이 소풍을 가야 하는 가련한 아이였죠. 어린 마음에, 참고 참았다가 결국에는 서운함이 폭발했는데, 울고불고 하는 나를 붙들고 엄마는 손가락을 꼭꼭 걸고 약속했죠. 소풍날 김밥을 꼭 싸주겠다고 말이에요.

하지만 아침에 일어나 눈을 씻고 찾아봐도 김밥을 싸고 있는 엄마의 모습을 찾아볼 수 없었어요. '그럼 그렇지.' 어린 시절 받은 상처가 아직도 짙게 남아 있어요. 김밥도 없이 텅 빈 가방을 메고 터덜터덜 무리를 따라 소풍 길에 나섭니다.

당시에는 집 근처에 있는 유명한 명소로 소풍을 갔기에 학교에서부터 무리를 지어 학년별로 걸어서 이동을 했어요. 어린 시절 기억나는 제 모습은 '어깨가 축 처진' 그 단어 그대로였어요. 어깨가 축 처진 채로 무리를 행진하던 나를 누군가가 큰 소리로 부릅니다. 엄마예요. 엄마가 멀리서 환하고 예쁜 미소를 지으며 봉지를 흔들어 보이네요.

'김밥이다! 엄마가 김밥을 싸서 왔구나. 역시 엄마는 약속을 지켰어.'

엄마는 내 곁으로 와서 연신 미안해하며 김밥 봉투를 가방에 넣어주었고, 저는 잠시 서운함을 잊어보았어요. 하지만 점심시간에 가방을 열어본 저는 처음보다 더 큰 실망감을 느끼며 눈을 의심할 수밖에 없었는데요, 엄마가 넣어준 김밥 봉투에는 은박지에 돌돌 말려 시중에 파는 그 김밥이 그대로, 나무젓가락과 함께 차갑게 굴러다니고 있었거든요. 해도 해도 너무했던 엄마였죠. 나 같으면 김밥을 직접 싸주겠다는 약속을 지킬 수 없는 상황이었다면, 산 김밥을 최소한 도시락 통에는 정성껏 넣어주었겠다고, 어린 것이 그런 생각을 했어요.

그래서인지 저는 김밥에 더 목숨을 걸어보아요.

내 아이에게 엄마가 직접 싸준 김밥을 포기할 수 없네요.

맛있고 담백한 김밥 10줄을 능수능란하게 싸냅니다. 부쩍 큰 아이들은 이제 두 끼면 김밥 10줄을 뚝딱 해치워내요. 생각해보면 김밥만큼 너그러운 음식이 없죠. 김밥하면 나들이와 소풍이 떠오르는, 김밥에 배어 있는 달콤한 설렘도 참 좋아요. 도시락으로 간편하게 담아 먹기도 좋고 맛도 좋은 김밥은 여러모로 참 좋습니다. 나에게는 아프고 슬픈 음식이지만, 우리 아이들에게는 엄마의 사랑이 듬뿍 느껴지는 너그럽고 아름다운 음식으로 기억되면 참 좋겠어서, 저는 소풍날마다 이른 아침, 밥을 지어 내 재료를 준비하고 김밥을 돌돌 말아봅니다.

소풍날이 아니어도 김밥을 부지런히 말아내요. 아이들이 너무 좋아하는 메뉴거든요.

손도 많이 가는 김밥이라지만 저에게는 이제 식은 죽 먹기예요. 김밥을 쌀 때마다 어린 시절 그 상처도 어김없이 소환되요. 그래도 참 이상하죠. 그렇게 돌돌 말아 내 손 끝에서 만들어진 김밥을 맛있게 먹는 아이들의 모습을 보며 어릴 적 상처도 함께 치유되니, 밥의 힘이 참 대단하죠?

소풍날은 설레는 날이 아니라 슬픈 날이었어요.
엄마가 싸준 맛있는 김밥이
도시락 통에 담겨진 적이 없어서
늘 힘들고 참기 어려운 날이었어요.
저는 그런 사랑을 받지 못했지만
받지 못한 그 사랑을
아이들에게 부지런히 흘려보냅니다.
엄마만이 해줄 수 있는 따뜻하고 감성 넘치는 집밥으로
사랑 한 스푼, 감성 한 스푼 더 넣어 맛있게 버무려 내봅니다.
그렇게 아이들을 먹이는 엄마가 되어
상처를 치유하고 사랑을 흘려보냅니다.
상처를 사랑으로 치유하는 모성애의 힘이고 집밥의 힘입니다.

3

엄마의 꿈은
거실에서
이루어졌다

블로거에서, 인싸에서, 브런치 작가로

아날로그 감성을 고수하며 SNS를 멀리했던 나, 변화를 시작하다

저는 아날로그 감성이 참 좋아요. 디지털 시대가 강화될수록 역설적으로 인간의 고유한 감성과 지성으로만 할 수 있는 것들을 더 찾고 지켜나가고 싶더라고요. 예를 들면 수기로 가계부 쓰기, 손 필사하기, 일기 쓰기, 감사노트 쓰기, 종이신문 구독하기 등이 있었습니다.

아이들에게도 패드로 하는 공부는 일절 노출시키지 않았어요.

연필을 손에 쥐고 바스락거리는 종이를 넘기며 종이 안에 텍스트들과 익숙해지길 원했죠.

전자책도 잘 읽지 않았어요. 계획 없이 외출을 하거나 아이들과 놀이터에 갔을 때, 늘 내 가방에 책 한 권이 없다는 사실이 안타까워서 접하게 된 전자책이었지만, 이내 밑줄도 그어가며 한 장 한 장 넘기며 읽었던 종이책 냄새가 그리워졌어요. 결국엔 앱을 삭제했고 다시 부지런히 책을 사서 읽고 빌려 읽기 시작했습니다. 디지털 세상에 맞춰 변화를 시도했다가 오히려 아날로그 감성의 소중함을 더 느끼고는 확고하게 신념이 굳어지기 시작했어요.

노트북에 원하는 정보를 타이핑해서 저장해두는 것도 쉽고 편하지만, 하얀 종이에 나만의 글씨로 채워가며 내 생각을 담아내는 손 글씨가 그렇게 좋을 수가 없어요. 늘 수기로 가계부를 적고 다이어리에 할 일을 체크하는 저를 보며 남편은 '좋은 앱이 얼마나 많은데 아직도 그러고 있느냐.' 핀잔을 주기도 하지만 아랑곳하지 않았어요.

무엇보다 SNS를 즐기지 않았는데요. 그 세계에 빠져 허무하게 시간을 낭비하지 않을 거라는 이상한 다짐을 늘 했답니다. 인스타가 한참 유행하던 그 시절, 관심도 없었고 관심을 두지도 않았어요. 나를 돋보이고 나를 드러내며 자랑하기 좋아하는 사람들이나 하는 거라며 마음속에서 밀어냈고, 무엇보다 한번 빠지면 쉽게 헤어 나오지 못할 제 자신이 두려웠기 때문이에요. 저는 그렇게 아날로그 감성을 고수하고 지키며 살았습니다.

하지만 코로나19 앞에서 모든 것이 무너졌어요.

사랑하는 사람들과 만날 수 없었고, 만날 방법도 없었잖아요.

만나자니 괜히 불안해지는 상황이 생각보다 길어졌지만 저마다 나름대로 불안함을 극복하면서, 안정적인 모습을 찾아가고 있던 그때쯤, 문득 코로나 바이러스가 세상에 준 여파로 인해서 세상이 어떻게 변해가고 있는지 보이기 시작했어요. 코로나로 인해 비대면과 비접촉이 빠르게 확산되면서 관련 산업이 탄력을 받고 있었고, 대인관계가 온라인으로 대체

되어도 거의 부작용이 없을 만큼 모든 시스템이 잘 갖추어가고 있었고, 인공지능 AI도 우리 삶에 더 깊숙이 침투하고 있었습니다. 일하는 공간도 직장에서 집으로 자연스레 옮겨졌지만 모든 업무에 지장이 없도록 필요한 시스템을 금방 갖추게 되었잖아요.

그즈음 우연히 〈세상을 바꾸는 15분〉을 통해서 김미경 강사의 리부트 공식이라는 것을 알게 되었고, 조금 더 호기심이 생겨서 『김미경의 리부트』라는 책을 읽게 되었습니다. 유명인이라서 가능한 이야기라지만, 김미경 강사가 힘주어 말하는 '코로나 이후 세상에서 살아남는 법'이라는 문구가 자꾸 제 마음을 흔들었어요.

내가 처해진 환경 속에서 무언가 할 수 있는 것들을 찾아나가면서 변해야겠다고 다짐하게 되었고, 이 거대한 흐름의 변화 속에 뛰어들어야겠다는 생각을 하게 됩니다. 그리고 저는 저만의 방식대로 변화를 시도하기 시작했어요. 그렇게 모든 것이 무너졌다고 생각하게 만들었던 코로나19 앞에서, 무언가 새로운 것이, 새로운 세상이 저에게 열리기 시작했던 거예요.

"'온택트 정신'은 내가 먼저 세상과 연결하기 위해 움직이고 다가가는 것이다."

김미경, 『김미경의 리부트』

저에게는 아주 좋은 강점이 있어요. 책에서 배우고 알게 된 것들을 마음에 새기면서 바로 결단하고 용기 있게 실천에 옮기는 것, 바로 그것입니다. 저는 김미경 저자가 말하는 나만의 온택트를 찾기 시작했어요. 빠르게 변화하는 세상 속에서 '아날로그 감성'만을 추구하고 고집하던 저는, 이래서는 더 이상 살아남을 수 없을 것 같은 절박함이 들었습니다.

변화를 시도하지 않고, 현실에 안주하고 있는 모습은, 마치 최신형 스마트폰을 손에 쥐고도 사용하지 못하는 70대 노인의 모습처럼 불편하게 다가오기 시작했어요. 스마트한 세상을 조금 더 즐기고 마음껏 이용할 수 있도록 '변해야 함'을 느끼기 시작했습니다. 그 시작은 바로 블로그였고, 저는 블로그를 운영하며 그곳에서 매일 글을 쓰기 시작했어요.

참 신기하죠. 그렇게 마음을 먹게 된 그 즈음, 하나님께 간절한 마음으로 묻기 시작한 것이 있었거든요. 하나님께서 저에게 주신 재능이 무엇인지 기도하며 묻기 시작했어요. 아이들의 재능에만 관심이 있었지, 저의 재능에는 관심을 둘 겨를도 없었는데 처음으로 하나님께 물으며 기도하기 시작했어요. 그리고 분명한 기도 응답을 받았어요.

"너의 재능은 글쓰기란다."

그렇게 기도 응답을 받고 기쁨에 가득 차서, 주신 재능을 살리기 위해 바로 블로그를 운영하기 시작합니다. 블로그는 나만의 온택트를 찾고 만들어가는 통로가 되면서도, 글쓰기를 연습하고 훈련하기에 최적화된 공간이었기에 안성맞춤이었어요. 블로그를 새롭게 운영하기 시작하면서 전에는 몰랐던 나의 재능이 글쓰기라는 사실이 실감되기 시작했어요. 글을 쓰는 것이 너무 재미있었기 때문이에요. 혼자 하는 글쓰기와는 차원이 다르잖아요. 내가 쓴 글을 누군가 읽어주고, 공감해주고, 그 안에서 소통이 일어나자 글쓰기의 재미는 두 배가 되기 시작했어요. 적성에 딱 맞는 직업을 40년 만에 찾은 느낌이었죠.

조회 수에 연연하지 않으려 했지만, 누군가 내 글을 읽어주었고, 내 블로그에 머물다간 한 사람 한 사람의 방문이 소중하게 여겨져, 늘어가는 조회 수에 집착하게 되기도 했습니다.

아무도 읽어주지 않아도 괜찮다면 종이 일기장에 몇 자 적으면 그만입니다. 하지만 내가 알지 못하는 누군가가, 내 글을 읽어주고 공감해주며 그 안에서 새로운 소통이 일어나기 시작했어요. 텍스트로 오고가며 인사하는 사이었지만, 그 안에 담긴 따뜻한 말들은 가까운 지인들이 건네주는 무심한 말들보다 더 특별하게 다가오기 시작했어요.

매일 성실하게 블로그에 하루에 하나씩 글을 올렸습니다.

시간이 되면 다음날 올릴 글까지 미리 정리해서 저장해두었어요. 저장 공간에 발행할 수 있는 글감을 쌓아놓으면서 세상을 다 가진 부자처럼 행복했어요.

블로그를 하면서 내 안에 성실함과 끈기가 있다는 사실을 다시 한번 알게 되었답니다.

사진을 바탕으로 뼈대를 붙여나가듯 그때 내가 느낀 경험과 사실을 떠올리며 글을 쓰는 재미에 푹 빠지게 되었고, 코로나로 갈 곳 없고, 만나고 싶지만 만날 수 없이 집에 머물러야 하는 그 시간, 아이들이 북적거리며 잘 노는 시간들을 이용해서 저는 새롭게 블로그를 운영하고 관리하기 시작했습니다.

디지털 노마드의 시작.
블로그 체험단, 인스타 체험단으로 리뷰 여왕이 되다

블로그를 운영하게 된 계기는 첫 번째가 글쓰기였지만, 애드포스트 수익이나 다양한 체험단을 통해, 식비나 생활용품 등의 비용을 줄일 수 있는 수익형 블로그도, 전업주부인 저에게는 꽤 매력적이었어요.

블로그의 애드포스트는 디지털 세상에서 주는 유익과 수익을 바라던 저의 첫 수확이 되어주었습니다. 내 블로그에서 발생한 광고 수익이 현금으로 통장에 입금되었던 그날, 정말 짜릿했죠. 남편과 아이들하고 맛있게 이용했던 식당 리뷰를 아무 생각 없이 올렸는데, 그 글이 잘 노출이 되었는지 생각지 못하게 맛집 체험단에도 빠르게 입문하게 되었어요.

맛집 체험단에 당첨되고 정성껏 포스팅을 남기자 연달아 체험단에 당첨되기 시작했습니다.

맛집 체험단은 직접적인 수익이 발생하는 건 아니에요. 식사권을 제공받아 가족들과 함께 맛있게 식사를 하고, 정성껏 포스팅을 남겨주면 되는 건데, 외식비나 식비를 세이브할 수 있었으니 전업주부인 저에게는 완전 땡큐인 거죠. 남들은 돈을 주고 외식하지만 저는 고급식당에서 무료로 식사권을 제공받아 맛있게 식사를 하고, 예쁘게 사진을 찍고 정성껏 글을 남겨 식당 홍보를 해주면 되었습니다.

아이들과 함께 이용했기에 쾌적하고 깔끔한 식당만 골라서 했어요. 당시, 제 글의 값어치를 수익으로 따져보자니 보통 3만 원 수준이기는 했지만, 어느 날은 5만 원 식사권을 제공받기도 했고 10만 원이라는 큰 식사권을 제공받기도 했어요. 식당뿐 아니라, 미용실, 다양한 생활용품 등 협찬으로 제공받은 내역들을 금액으로 따져보니 한 달 기준으로 80만 원을 훌쩍 넘긴 적도 있었습니다. 생활비가 궁해서 시작한 게 아니에요. 대기업에 다니고 있는 남편이 벌어다주는 돈으로도 부족함이 없었지만, 저는 전업주부로서 가정을 지키고, 아이들을 돌보면서 틈틈이 제가 할 수 있는 것에 최선을 다해본 거였어요.

블로그 수익화는 제가 직접 나가서 돈을 벌지 않아도 수익이 창출되는 디지털 노마드의 시작이었습니다. 집에서 아이들을 돌보면서도 수익을 만들 수 있는 수단이 되어주었고, 그렇게 새로운 세계를 하나씩 받아들이기 시작했습니다.

탄력을 받아 조금 더 확장해나갔어요. 미지의 세계, 인스타를 시작하고 발을 내딛어보았어요. 인스타는 처음부터 수익형으로 타겟을 맞추고 시작했어요.

사진 찍기 좋아하고 글쓰기 좋아하는 저라서, 체험단 활동이 적성에 잘 맞았죠. 인스타를 시작하며 육아 일상을 올리기 시작하자 각종 생활용품과 육아용품들, 영양제부터 시작해서 마스크, 책, 문제집, 키즈카페나 북 카페 체험 등 다양한 협찬과 체험이 정말 두 배로 늘어났어요. 제공받는 제품들이 거의 육아용품이었기에 아이들을 키우다 보니 정말 꿀맛인 거예요. 제품을 홍보하는 것도 블로그에 비하면 인스타는 훨씬 간결하고 쉽습니다. 블로그는 조금 더 긴 호흡으로 글을 써야 하는데, 인스타는 그에 비하면 너무 쉬웠어요.

전업주부로서 생활용품과 육아용품, 면역력을 높여주는 아이들의 건강식품과 비타민, 각종 도서와 문제집 등 체험단으로 제공받는 물품들이 꽤 쏠쏠했어요. 하면 할수록 당첨률은 더 높아졌고요. 집에 무언가 필요한 것이 있으면 제품을 신청하면 그만이었고, 당첨률은 90%를 임박하기 시작했답니다. 제 앞으로 제공된 수북이 쌓인 협찬제품들을 바라보면서 행복한 비명을 질렀고, 택배상자들을 열어보며 이 제품을 어떤 식으로 홍보할지 구상하는 재미에 푹 빠져 지냈어요. 맛집이나 미용실 체험, 키즈카페 등 방문 체험해야 하는 곳도, 일정이 빡빡할 정도로 가득 차 있었었고, 너무 빡빡해서 차마 못 가고 캔슬한 곳도 계속 늘어날 정도였으니까요.

다른 사람 홍보해주는 글은 이제 그만, 내 이야기를 쓰고 싶어

처음에는 신이 나서 쓰기 시작했는데, 어느 순간 조금씩 힘들어지기 시작했어요. 내가 원하는 글을 쓰지 못하고, 내가 쓰고 싶은 글을 쓰지 못하는 사실에 조금씩 지치기 시작했어요.

그들이 정해놓은 플랫폼 안에서, 그들이 좋아할 만한 글을 쓰기만 하는 게 무료해졌어요. 마치 앵무새가 된 것 같이 답답해졌어요. 나만의 목소리를 내고 싶은데 쉽지 않더라고요. 나도 내가 원하는 글을 쓰고 싶다는 욕구가 강하게 생겨나기 시작했어요.

그래서 브런치 작가에 도전하게 되었고 세 차례의 실패 끝에 브런치 작가에 선정되었습니다. 깐깐한 심사와 엄격한 선정 기준에 많은 사람들이 탈락의 고배를 마시게 되는, 쉽게 통과하기 어렵다는 브런치는 전문적인 글을 쓰는 공간이에요. 글 좀 쓴다는 사람들이 모여서 자신만의 이야기와 경험과 경력을 바탕으로 전문적인 글을 쓰는 공간입니다.

브런치에서는 존칭도 '작가님'이에요. 저는 브런치에 글을 쓰면서 '작가'의 꿈을 본격적으로 키우게 된 것 같아요. '블로거님'에서 '작가님'이라는 새로운 호칭을 얻게 되었습니다. 저를 '작가님'이라고 대우해주는 브런치의 감성과 매력은 블로그와는 또 다른 것이었어요. 내가 원하는 글을 그곳에서 마음껏 쓸 수 있었고 마치 작가가 된 것처럼, 메시지를 담고 있는 전문적인 글을 쓰려고 모방하고 노력하기 시작했거든요.

그렇게 내 색깔을 나타내고, 원하는 글을 본격적으로 쓰기 시작하면서 블로그 체험단과 인스타 체험단은 잠시 내려놓게 됩니다.

한때 '리뷰의 여왕' 콘셉트로 주가를 올리려고 나름 치밀하게 계획하고 열심히 SNS를 운영했던 저였기에 아쉬움도 있었지만, 조금 더 내 색이 드러나는 글쓰기에 집중하는 것이 더 좋았어요. 그 이후로 인스타도 조금 다른 방식으로 운영하기 시작했어요. 협찬 제품을 홍보하는 수익형 인스타에서 벗어나, 아이들과 함께 보내는 일상을 기록하며, 나를 조금 더 홍보하고 브랜딩 할 수 있는 콘셉트로 글을 쓰기 시작했습니다. 부족하지만 진심을 담아 나의 경험과 나만의 스토리를 따뜻하게 담아내려고 노력했습니다. 내 글에 공감해주고 응원해주시는 몇몇 분들이 생기더라고요. 진심으로 쓰니까, 진심으로 누군가가 다가오더라고요. 그분들의 따뜻한 관심과 소통에 매번 감동하고 감사하며 글을 쓰고 있습니다.

블로그, 인스타, 브런치를 다양하게 운영하며 매일 쓰는 엄마가 되다

평범한 전업주부로서 가정을 지키고, 아이들 곁을 지키면서 시간이 날 때마다 블로그, 인스타, 브런치. 이 세 가지를 다 관리하고 있어요.

저는 넓고 광활한 디지털 세상에 용기 있게 씨를 뿌렸어요.

씨를 뿌리고 계속해서 열매를 수확하고 다시 땅을 고르며 그렇게 디지털 세상 속에서 '글쓰기'라는 농사를 짓고 있습니다. 평범한 전업주부인 저는 아무것도 없는 무에서 유를 창조해나가는 크리에이터가 되었어요. 빠르게 변해가는 세상 속에서 가만히, 안일하게 아날로그 감성을 추구하며 변화를 피하려만 했던 저의 모습은 그저 게으른 것에 불과했어요. 이제 저는 디지털 세상 속에서 농사를 부지런히 지으면서도 아날로그 감성도 함께 추구하는 여유까지 생겨났답니다.

블로그와 인스타와 브런치를 관리하며 디지털 세상 속에서 틈틈이 글을 쓰면서도, 손으로 꾹꾹 눌러 여전히 가계부를 쓰고, 감사 일기를 매일 씁니다. 차마 드러낼 수 없는 이야기들은 일기장에도 써 보아요. 책을 읽으며 감명 깊은 부분은 컴퓨터에 다 저장해놓고 5줄 서평으로 마무리해서 '엄마의 서재' 폴더에 착착 쌓아놓습니다. 시나 고전문학을 읽다가 가슴을 울리는 문장을 만나면, 나도 모르게 노트와 펜을 찾아 들고 손으로 필사하고요, 매일 성경 필사도 잊지 않으려고 합니다. 설교 시간에도 주시는 말씀과 내가 다짐한 것들을 적어 내려가느라 손이 너무 바빠졌어요.

제 삶은 그야말로 쓰는 삶이 되었어요.

세 아들을 키우면서 이 모든 것을 언제 다 하느냐고요?

아침잠이 많은 저는 수많은 실패와 도전을 이겨내고 아침형 인간이 되어 새벽에 글을 쓰는 시간을 확보해나갔습니다. 잡다한 만남을 줄이고 혼자 독서하고 글 쓰는 시간을 늘려갔어요. 육아에 신경 쓰며 아이들을 교육시키고 부지런히 집밥을 해 먹이고, 설거지 하고 빨래개고 청소를 합니다. 이것저것 하고 싶은 것이 많아지고 살림도 하고 육아도 해야 하니, 저에게 주어진 한정된 시간을 조금 더 지혜롭게 쓰고 싶어 시간을 관리하기 시작했어요. 계획 하나 없이 감정 내키는 대로 대충 살았던 저는 이제 계획적인 삶을 그려보고 스케줄을 관리하며 좀 더 능동적으로 움직이기 시작합니다. 살림하고 아이들 키우며 저만의 세상을 키워나가기 위해 노력하다 보니 절로 얻어진 값진 변화, 바로 엄마의 성장입니다.

꿈이 있는 엄마, 성장하는 엄마의 뒷모습을 보고 자라는 아이들

책이 없었다면 저는 예전처럼 엄마들과 시시때때로 어울려 그 안에서 복닥거리며 할 일없이 수다나 떨고, 아무런 변화 없이 그저 이 무료한 삶이 지겹다고 한탄하며 게으른 삶을 반복했을 거예요.

책을 통해 여전히 배우고 변화를 꿈꿉니다.

끊임없이 도전해요. 당연히 실패하죠. 그래도 온전히 내 것이 될 때까지 끊임없이 노력하고 도전하며 어제보다 조금 더 나은 엄마가 되어가고 있고, 그렇게 조금씩 나를 찾고 만나가는 아름다운 여정을 계속 떠나는 중입니다.

변화된 삶을 살아가는 엄마, 그렇게 성장하는 엄마의 뒷모습을 아이들이 바라보고 있습니다. 성장하는 엄마의 뒷모습을 보며 자라나는 아이들의 삶 또한 값질 거라 생각해요. 부지런히 노력하고 미래를 준비하지 않으면 인생에 꽃을 피울 수 없는 것이 당연하지 않은가요. 저는 특별한 향도 없고, 준비되지 않은 채, 엄마가 되었다고 늘 한탄하고 눈물을 닦아내던 사람이었어요. 그랬던 제가, 아이들을 잘 키우고 싶어서, 아이들에게 부끄럽지 않은 엄마가 되기 위해서 저에게 맞는 방법들을 하나씩 찾아나가기 시작했습니다.

책을 읽으며 글을 쓰기 시작했고 우연히 만난 디지털 세상 속에서 블로거 엄마, 브런치 작가 엄마로 글쓰기를 확장해나갔어요. 글을 쓰며 내면이 더 단단해졌고, 쓰는 사람, 쓰는 엄마가 되었어요. 저는 이제 작가라는 더 큰 꿈을 꾸며 여전히 같은 자리에서, 오늘도 변함없이 글을 쓰고 있습니다.

가장 값진 인생의 열매, 바로 엄마의 글쓰기입니다.

전 변화를 참 두려워하던 사람이었는데요,
좀 더 나은 엄마가 되고 싶은 욕구가 가득 차오르자
저절로 변화를 꿈꾸게 되더라고요.
그 변화의 시작은 블로거였고요.
다양한 변화를 거치며
다양하게 쓰기 시작하면서
작가라는 큰 꿈으로 확장되었어요.
내 손가락 끝에서 나오는 글눈과 만나는 그 시간이 참 좋았어요.
어느새 글을 쓰고 있을 때 가장 행복하고,
글을 쓰는 내 모습이 세상에서 제일 빛난다는 사실을 알게 되었어요.
엄마의 변화는 그렇게 시작되었습니다.

엄마의 꿈은 거실에서 이루어졌다

축하합니다. 브런치 작가에 선정되셨습니다

브런치라는 공간에서는 '작가님'이라는 특별한 존칭을 받습니다. 작가님이라는 존칭이 참 기분 좋아요. 작가가 아닌 평범한 아줌마인데도 작가로 대우해주고 마음껏 나만의 글을 쓸 수 있도록 독려해줍니다. 마치 작가가 된 것 같았어요. 당장이라도 작가가 될 수 있을 것 같은 막연한 기대감도 생겨났습니다. 블로그에서 꾸준하게 글을 쓰고 있었지만 브런치라는 공간은 또 다른 공간이었어요. 작가는 아니지만 작가처럼 쓰고 싶은 마음이 절로 생겨났고 좀 더 잘 쓰고 싶어졌어요.

처음에는 브런치 작가에 뭣 모르고 도전했었는데요.

성의 없이, 절박함 없이 쓴 글은 당연히 보기 좋게 탈락했죠.

당시에는 블로그 자체에 푹 빠져 있었기 때문에, 브런치 작가에 대한 로망이 그다지 크지는 않았습니다. 탈락해도 큰 아쉬움이 남지는 않았어요.

두 번째로 다시 도전했습니다. 처음보다 조금 더 간절한 마음을 담아 정성껏 글을 썼는데도 또 탈락했어요. 그러자 알 수 없는 절박함이 밀려오기 시작했어요.

그곳에서 나만의 색을 드러내며 글을 쓰고 싶다는 욕심이 커져가기 시작했어요.

세 번째로 브런치 작가에 도전할 때는 조금 더 오래 준비했습니다.

전보다 더 긴 호흡으로, 진심을 담아 글을 작성했고 써놓은 글 3개를 저장해두었어요. 나의 가치관과 생각이 더 잘 드러나도록 글을 썼고, 기대를 가득 품고 다시 도전 버튼을 눌렀습니다. 2주 후에 "축하합니다. 브런치 작가에 선정되셨습니다. 작가님의 좋은 글 기대하겠습니다."라는 메일을 받아보고 터졌던 눈물은 저만 흘리는 기쁨의 눈물은 아니더라고요. 많은 사람들이 지금도 브런치 작가에 도전하고 있고 탈락하고 다시 도전하며, 제가 겪은 아픔과 기쁨을 함께 누리고 있습니다.

브런치 작가에 도전할 때, 팁을 드리자면요.

글을 발행할 수는 없지만, 미리 저장해둘 수는 있어요. 그 공간에 진정성 있는 글 3~4개 정도를 평소에 틈틈이 적어봅니다. 그리고 브런치 작가에 도전할 때 그 글을 첨부하면 선정 확률이 높아져요. 최대한 나를 잘 나타낼 수 있는 글을 쓰는 거예요. 내 글로 브런치에서 면접을 보는 거나 마찬가지인거죠. 나를 잘 표현하고 있는 정성 가득한 글을 써놓고 첨부한 후에, 간단한 자기소개와 앞으로 어떤 글을 어떻게 쓸 것인지를 계획해 목차까지 구성해서 신청하면 반은 성공입니다. 진정성을 담은 글은 어디서나 통하는 법이에요. 진심을 담아 조금씩 쓰기 시작하면 됩니다.

그리고 무엇보다 중요한 건, 시작한다는 것. 아시죠?

시작만 하면 됩니다. 몇 번의 실패와 탈락의 고배를 마시며 갈급함으로 글쓰기가 다듬어져가더라고요. 그렇게 브런치 작가가 되고 나서 매일 행복한 글쓰기를 이어나갔어요. 나만의 이야기를 조금 더 진솔하게 쓸 수 있었고, 조금 더 전문적인 글쓰기를 하고 싶은 욕구도 생겨났어요. 마치 작가가 되기라도 한 것처럼, 원고를 쓰는 것 같은 마음으로 나만의 육아 이야기를 꾸준히 써내려갔습니다. 지난날의 미숙한 엄마로서의 실수들, 넘어지고 부딪히고 성장하는 모든 찰나를, 기억을 더듬어가며 글로 써내려갔어요.

모든 스토리가 한 권의 책으로 이어질 수 있도록 나름 목차를 구상하며 써나갔습니다. 잘 쓰진 못하지만 용감하게는 써요. 무작정 써내려가 보는 거예요. 처음부터 잘하는 사람이 어디 있나요? 일단 쓰고 있는 것 자체가 정말 중요하더라고요.

블로그도 운이 좋으면 네이버 메인 화면에 노출 되는 것처럼, 브런치 글도 '다음 메인 화면'에 노출이 됩니다. 그곳에서 다양한 브런치 작가들의 글이 날마다 업데이트되더라고요.

평소 50~60 정도의 조회 수를 유지하던 저의 브런치 조회 수가 갑자기 1,000을 넘었다며 알림댓글이 울렸어요. 곧 이어 2,000을 넘고 6,000을 넘겼다며 정신없이 알람이 울리는 거예요. 시작한 지 얼마 안 되었을 때라 어안이 벙벙했어요. 제 글이 다음 메인 화면에 노출된 것이었어요. 시작한 지 얼마 안 된 초보 작가에게 이렇게 힘을 실어주니 브런치에서 글을 쓰는 것에 더 재미가 붙었죠. 그 뒤로도 자주 메인화면에 노출이 되었는데 한 번 노출되기 시작하니, 글을 썼다 하면 연달아 노출되는 경우도 있었답니다.

그런 글 중 어떤 글은 조회 수가 폭증하기도 하고, 어떤 글을 분명 메인화면에 노출된 것을 확인했는데도 조회 수가 미진하다가 소리도 없이 사라져버리는 글이 있었어요. 알고 보니 노출은 되었지만 사람들이 많이 클릭하지 않으면 뒤로 밀려 사라지는 거더라고요.

소개할 좋은 글은 넘쳐나고 글 잘 쓰는 브런치 작가들은 넘쳐날 테니까, 하루에도 수많은 글이 그곳에 올라왔다 사라졌다 하는 거더라고요. 그러다 보니 사람들이 많이 클릭하는 글은 어떤 글일까 호기심이 생기기 시작했어요. 사람들의 클릭을 불러일으키는 글은 바로 호기심을 자극하는 제목이었어요. 제목을 보고 그 글을 클릭해서 읽을지 말지가 정해진다는 사실 말이에요. 그 사실을 깨달으며 제목의 중요성을 다시 한 번 실감하게 되었습니다.

그래서 '책을 출간할 때도 책 제목이 그렇게 중요하다고 하는구나.' 새삼 느끼게 되었죠. 어떤 글이든지 간에, 사람들은 제목을 보고 끌리거나 호기심이 생기게 되고, 호기심을 불러일으키는 순간, 선택을 받게 되는 거잖아요. 그 뒤로 저는 소소한 글을 쓰더라도 제목에 조금 더 신경을 쓰는 훈련도 하게 되었습니다.

어느새 쌓인 글 200개, 그 글은 이미 책 한 권으로 완성되어 있었다

그렇게 브런치에서 3년이 좀 안 되는 시간 동안 글을 썼더니 어느새 200개의 글들이 가득 채워져 있더라고요.

하지만 제가 쓴 글을 볼 때마다 얼굴이 화끈거렸으니, 만약 이런 책이 나온다고 생각하면 너무 부끄러웠어요. 뻔한 스토리가 무의미하게 쌓여 있는 것 같아 다 부질없어 보이기도 했어요. 하지만 이 책을 출간하기로 마음먹고, 제목과 목차를 정하는 작업을 할 때 브런치에 저장되어 있는 글들이 아주 큰 역할을 해주었습니다.

큰 뼈대가 되어주었고 원고 쓸 때 가장 막막하게 느껴졌던 목차가 이미 그 안에 다 완성되어 있었어요. 꾸준히 쓰며 쌓아놓은 글들 속에, 정말 그 안에 다 담겨 있더라고요. 이미 다 발행되어 있는 글들을 정리하며 제가 생각한 챕터 별로 나누어보았더니 한 권의 책이 완성되었습니다. 틈틈이 브런치에 발간한 글들에 조금 더 살을 붙여서, 브런치의 글을 바탕으로 이 책의 원고를 쓰기 시작했어요. 이미 뼈대가 형성되어 있는 원고 쓰기는 거의 식은 죽 먹기였죠.

수월하게 원고를 완성했다고 생각했지만, 완성된 원고를 읽어보고, 이런 쓰레기 같은 글은 또 없을 거라며 망연자실했던 이야기는 나중에 다시 풀어내보겠지만, 무의미하게 자리만 차지하고 있는 것 같았던 보잘것없는 내 글들도, 쌓아놓고 모아놓으니 책 한 권으로 거듭났다는 사실을 말하고 싶은 거예요. 그래서 그렇게 많은 전문가들이 무조건 쓰라고, 기록하라고 했나 봅니다. 저는 그냥 조언에 충실했어요. 무조건 썼고 무조건 기록했어요. 날마다 썼고 쓰는 걸 멈추지 않았어요. 마치 작가가 된 것처럼, 책 한 권을 미리 쓰고 있는 것처럼 그렇게 예행연습을 했습니다. 브런치라는 공간에서.

저는 말 그대로 쓰는 사람이 되었어요.

사실 그땐, 감히 꿈꾸지 못했는데, 저는 이미 작가였습니다.

천천히 작가가 될 준비를 했던 거예요. '작가'라는 존칭을 감히 내 앞에 갖다 붙이는 것도 용기가 나지 않았고, 10년쯤은 내공이 쌓여야 가능할 거라고 생각하며 천천히 가려고 했었죠. 하지만 저는 브런치, 인스타, 블로그에서 다양한 글을 쓰면서, 작가가 될 연습을 이미 충분히 하고 있었습니다. 그땐 미처 몰랐지만요.

저처럼 쓰기 좋아하는 사람이라면 브런치 작가에 꼭 도전해서 그곳에서 글을 써보길 바라요. 더 쓸 명분이 생기고 더 잘 쓰고 싶은 욕망이 생기고 쓰다 보면 어느새 더 구체적인 작가의 꿈을 그릴 수 있게 되거든요.

글쓰기를 좋아하는 사람이라면
브런치에서 글을 써 보세요.
브런치만의 감성이 있습니다.
매일 쓰며 차곡차곡 쌓인 글들은
가만 보면 너무 뻔하고 부끄럽기 짝이 없는 글들뿐이었어요.
이런 글이 세상에 책으로 나온다면
종이 값이 너무 아깝지 않겠느냐는 생각이 절로 들었어요.
그래도 포기하지 않았어요.
쓰다 보니 부족한 글도 조금씩 다듬어지더라고요.
그러니까 일단 쓰세요. 무조건 써보는 게 맞습니다.
그리고 포기하지 마세요. 종이가 아까워지는 글을 쓰고 있을지언정.

왜 그렇게 열심히 하는데?

아이들과 함께 지내다 보면 하루 24시간이 얼마나 빨리 지나가는지요.

모든 사람에게 주어진 하루 24시간을 엄마라는 사람들은 아이들을 먹이고 입히고 교육시키고 케어하는 것뿐만 아니라 틈틈이 집안일도 해야되는데, 살림이라는 것이 단순하고 쉬운 것 같아도 참 고단한 거더라고요. 부지런히 해놔도 티도 안 나는 것을 잠깐 손이라도 놓았다가는, 집안 곳곳은 설거지 더미로, 빨래 더미로, 쓰레기 더미로, 장난감 더미로 쌓이기 시작하고 감당할 수 없는 더미들을 곳곳에서 만나게 됩니다.

한 번에 치우는 게 힘들어서 틈틈이 집안일을 정리하고 정돈하는 편인데요. 늘 부지런한 저의 엉덩이에 감사하고, 쉬어야 할 때 쉬지 못하는 두 손에게 미안할 때가 많아요.

막내가 한창 돌이 지났을 무렵, 막내가 너무 예쁜 거예요.

한참 예쁠 때잖아요. 너무 귀여운 막내만 보고 아무것도 하고 싶지 않은데, 정작 엄마는 해야 할 일이 너무 많고, 육아와 살림이 맞물려 끝도 없이 펼쳐지는 살림살이를 보며 망연자실했던 시간들을 한 차례 보냈습니다. 막내가 그 무렵, 이상하게 설거지만 하면 제 다리를 붙들며 울고불고 했어요. 안아달라고 보채기 시작하는 거예요. 어느 날은 설거지를 잠시 중단하고 안아주기도 했다가, 어느 날은 그 어린 것에게 "엄마 이거 지금 해야 해."라고 소리치며 모질게 외면하기도 했습니다. 그럴 때마다 집안일은 다 내려놓고 엄마라는 사람은 온전히 아이들을 양육하기만 하면 참 좋겠다는 생각을 매일 하며 지냈어요.

한참 자라고 있는 중이지만, 큰아이가 이제 13살, 둘째가 10살, 막내가 8살이 되었습니다. 아이들에게 향하는 엄마의 손길이 자연스럽게 줄어드네요. 학교에서 주어진 사회생활을 저마다 감당하며 독립적인 인격체로 잘 자라나고 있습니다. 고된 육체노동에서 벗어나 정신적인 교감으로 아이들과 소통하면서 양육도 진화하고 있어요. 아이들과 대화를 나누고, 문제를 해결하기 위해 함께 머리를 맞대고, 아이들의 관심사를 함께 찾아나가며 뭐든 할 수 있다는 동기 부여를 심어주고 격려해주며 아이의 성장에 발맞춰 부모의 자리를 다시 재점검해봅니다.

아이들이 자라면서 생기는 여유로운 시간, 엄마의 성장에 몰두하다

아이들이 조금씩 자라면서 전업주부인 저에게도 제법 여유로운 시간들이 생겨났어요. 가정을 돌보고 아이들 곁을 지키면서, 자연스럽게 찾아온 그 시간을 헛되게 보내지 않으려고 자기계발에 집중했습니다.

요즘은 자기계발을 하면서 꿈꾸고 성장하는 엄마들이 정말 많아요.

저는 감히 명함도 못 내밀지만요. 저만의 방법으로 주어진 하루 24시간을 조금 더 효율적으로 사용할 수 있는 방법을 모색하면서, 다양한 훈련을 계속 해나갔어요. 누구의 도움 없이 오롯이 저 혼자 말이죠.

자기계발에 독서와 글쓰기만 한 것이 또 있을까요? 블로그를 운영하면서 글쓰기라는 색 다른 즐거움을 맛보게 되었고, 더 전문적인 글을 쓰고 싶어서 전보다 더 많은 책을 보면서, 책 속의 한 줄을 내 것으로 적용하기 위한 글쓰기를 시작했어요. 그런 글들을 브런치에 남기며 조금 더 나은 글쓰기에 몰두했습니다. 전업주부인 제가 가장 좋아하고 잘하는 일은 글을 쓰는 것이기에 글쓰기에 중점을 두며 하루하루를 보냈습니다. 깨끗하게 정리 정돈된 거실에서, 카페에서 흘러나올 법한 재즈나 피아노 선율로 거실을 가득 채우고, 드립 커피 한잔 내려, 책 보고 글을 쓰는 그 시간은 제가 너무 사랑하는 시간이 되었습니다.

아무것도 하지 않고 하루 종일 글만 쓰고 싶었던 순간이 얼마나 많았는지 몰라요.

쓰고 싶은 글이 머릿속에 떠오르면 어떻게든 써야 직성이 풀렸어요.

그 글을 쓸 때까지 다른 일이 손에 잘 잡히지 않더라고요. 글이란 것이 그 순간 바로 쓰지 않으면 머릿속에서 휘발되어 사라져버리는 것이기에 쓸 수 없는 상황이 계속되면 조바심도 나고 신경질이 나기도 했어요. 메모해두고 다시 쓰려고 해도 쓰고 싶었던 순간을 놓치면 잘 써지지 않더라고요. 아이들을 돌보고 살림을 하느라 글을 쓰는 자리에 있지 못할 때에도 머릿속에서는 끊임없이 텍스트들을 뽑아내고 있었어요.

의식적으로 쓰기도 하고, 때로는 진심으로 원하는 글을 휘갈겨 쓰기도 하고, 어떤 때는 쓰고 싶지 않은 글을 쓸 때도 있고, 어떤 때는 형식적으로 의무감에 쓰기도 했지만 저는 결코 놓지 않았어요. 무언가를 쓰는 그 시간을요.

좋은 글을 쓰려면 좋은 책을 더 많이 봐야 합니다.

좋은 책을 더 많이 보고 글을 쓰기 시작하면서 확실히 글쓰기가 풍성해지기 시작했거든요. 마음을 울리는 글귀 하나를 붙잡고 저의 경험이나 떠오르는 생각을 덧붙여 글을 쓰고 나면, 제 글이 조금 더 단단해지는 것이 느껴졌습니다. 그렇게 글을 쓰다 보니 일상의 모든 순간이 글로 머릿속에 그려지기 시작했어요. 쓰고 싶어 죽겠는 거예요. 마치, 임금님 귀는 당나귀를 외치지 못해서 속병이 나 앓아누웠던 그 사람처럼, 저는 쓰고 싶은 걸 어딘가에서 써서 공유하지 않으면 속이 답답해서 혼이 났어요.

자연스럽게 훈련하기 시작한 작가 연습

혼자 조용히 써도 되는데, 늘 누군가와 내 글을 공유하고 싶었던 마음이 커졌어요. 하지만 공유하고 싶으면서도 막상 두려웠어요.

제 글을 이해하지 못하는 사람들 앞에 서게 될까 봐, 비판하는 사람들 앞에 서게 될까 봐 두려웠고 글을 통해 나타나는 내 생각은 민낯을 보여주는 것처럼 부끄러운 것이기도 했어요. 늘 번뇌했죠. 내가 쓰고 싶은 글을 공유할지 안 할지를 말이에요. 괴로운 번뇌였지만 그 모든 과정은 작가가 되기 위한 예행연습이라고 생각했어요. 작가라면, 내 글을 세상에 나타내고 드러내야 하는 거잖아요. 내 글을 세상에 드러내는 것을 두려워하지 않아야 하잖아요.

자신 있게 글을 공유하고는 어느 날은 행복했고, 어떤 날은 쥐구멍에 숨고 싶을 만큼 미치도록 부끄러워지는 순간을 자주 반복했어요. 마치 냉탕과 온탕을 오고가듯 훈련을 했습니다. 그렇게 글쓰기로 하루를 온통 할애하며, 고독과 외로움 사이에서 갈등도 하면서 문득 불안해지기도 했어요. 글을 쓸 때 가장 행복하다고 고백하면서도, 모든 날이 찬란하게 아름답기만 했던 것은 아니랍니다.

'이것이 진정 유익일까?'

의미 없는 일에 시간을 쏟아붓고 있는 건 아닌지 문득 불안해졌어요.
혼자 책 읽고 글 쓰는 이 시간이 나에게 무슨 유익이 되어줄지, 세상에 날고 기는 작가들이 많은데, 한낱 가정주부에 불과한 평범한 내가 어떻게 작가가 될 수가 있을지, 평범한 내 글이 책 한 권으로 나올 수나 있을지, 이런 고상한 취미는 집어치우고 나가서 조금 더 생산적인 일을 하며 한 푼이라도 벌어오는 것이 더 이득이지 않을까? 스스로를 불안하게 만드는 부정적인 생각들이 저를 무겁게 누를 때가 많았어요.

하지만, 누구보다 남편이 응원하고 지지해주었으니 참 감사하죠.

저의 이런 시간을 존중해주었고 저의 꿈을 응원해주었어요. 조금 더 훈련하고 다듬어가면 분명 멋진 작가가 될 수 있을 거라며 제가 글을 쓰며 보내는 시간, 그 고상한 취미를 지켜나가는 모든 시간을 남편이 믿어주었고 지켜주었습니다.

아무 일도 일어나지 않는 똑같은 하루, 매일 써내려갔던 시간들

그렇게 꿈을 정했고 그 꿈을 이루어나가기 위해서, 아무 일도 일어나지 않는 하루하루를 성실하고 꾸준하게 글쓰기로 채워나갔습니다.

그렇게 쌓인 글은 결코 헛되지 않을 거라 스스로를 믿고 다독거리며 그 자리를 지켜나갔어요.

오늘보다 더 가슴을 울리는 내 글 앞에 언젠가는 설 수 있을 거라며 작은 어깨를 토닥여주었어요. 작가의 꿈에 한 발자국 더 용기 있게 내딛을 수 있을 거라고 가만히 속삭여주었어요. 어찌 보면 소박한 것 같으면서도, 절대로 이루어질 것 같지 않은 그 원대한 꿈을 꾸며 주부의 자리에서, 엄마의 자리에서 틈나는 대로 글을 썼습니다.

꾸준함이 무기라고 했잖아요. 아무 일도 하지 않으면 아무 일도 일어나지 않는다고 했잖아요. 꾸준함으로, 아직은 아무 일도 일어나지 않는 어제와 똑같은 하루를 그렇게 준비해나갔습니다. 그러다 보면 언젠가는 무슨 일이라도 일어나지 않겠느냐고 스스로를 다독여주었어요. 그렇게 준비된 자가 되고 싶었고, 준비된 자에게 기회가 반드시 찾아올 거라고 생각했고, 행운을 거머쥘 수 있는 준비된 자가 될 거라고 매일 꿈꾸고 기도했습니다.

가끔 작가가 되기 위한 꿈을 꾸고 있는 내 모습에 화들짝 놀라기도 했어요.

누구나 쓸 수 있는 평범한 글이나 쓰고 있으면서 작가가 될 거라고? 스스로도 많이 민망했죠. 하지만 이렇게 쓰고 있을 때 가장 행복한 저를 어쩌나요? 하얀 백지에 손으로 꾹꾹 눌러쓰든, 편하게 자판을 휘갈겨 쓰든지 간에, 여백에 글을 채워나가는 이 순간이 제가 가장 좋아하는 순간이니까 저는 조금 뻔뻔해지기로 했죠.

그냥 평생 써보기로 했습니다. 쓰는 사람, 쓰는 엄마가 되기로 했습니다.

평생 글을 쓰며 살기로 했어요.

저에게 글쓰기란, 진심어린 나를 만나고 그런 나를 알아가는 아름다운 여정이었거든요.

내가 원하는 것이 무엇인지 조금 더 구체적으로 생각할 수 있게 해주는 통로였거든요. 모든 것에 의미를 부여하고 모든 순간을 진심으로 살아낼 수 있게 해주었습니다. 조금 더 능동적이고 주체적인 삶을 살아갈 수 있고, 더 큰 꿈을 꾸고 행동할 수 있는 용기를 불러일으켜 주었습니다. 누구나 마음만 먹으면, 뜻만 있다면 갈 수 있는 그런 길이에요. 내 삶을 쓰고 내가 만나는 모든 순간을 쓰는 아름다운 길. 바로 글쓰기의 길 말이에요.

꿈을 꾸기 시작하면 지금 내가 하고 있는 일이 달라집니다. 내가 지금 무엇을 하고 있는지가 중요해져요. 저는 꾸준하게 글쓰기의 자리를 지키며 글을 썼고 지금도 쓰고 있어요. 그리고 저는 벌써 두 번째 책의 제목과 챕터까지 완벽하게 그려나가고 있습니다. 이 글을 쓰고 있는 지금 이 순간에도 말이죠. 그렇게 아무 일도 일어나지 않는 하루하루를 써내려갔습니다.

언젠가는 무슨 일이라도 일어날 거라 믿으면서 말이죠.

처음엔 어떤 글을 썼는지 아세요?

문법도 엉터리에 구색도 전혀 갖추지 못했고

기승전결도 없는 재미없고 진부한 글이었어요.

그런데 자꾸 쓰다 보니 조금 더 나아지더라고요.

그냥 열심히 하니까 조금은 괜찮아지더라고요.

내 머릿속에 떠오른 생각을 정리하며

내 손끝을 타고 완성되어 가는 아름다운 문체와 만나는 시간이

저를 살게 하더라고요.

오늘 내가 만나고 느끼고 생각한 모든 것이

내 손끝을 타고 새로운 이야기로 창조되기 시작했습니다.

엄마의 꿈은 거실에서 이루어졌다

글 속에서 드러나는 나를 보는 순간, 왜 이렇게 부끄럽지?

글을 쓰다 보면 어쩔 수 없이 제가 드러납니다. 저의 생각이 나타나고 문체를 통해서 성격이 보이기도 해요. 그래서 가끔은 글을 쓰는 것이 참 두려웠습니다.

나를 드러내고 싶지 않고 그냥 조용히 살고 싶은데, 글쓰기가 좋아서 계속 글을 쓰다 보니까 제가 수면 위로 자꾸 드러나는 거예요. 발가벗겨진 기분이 들 때가 많았습니다. 말하는 것도 별반 다르지 않죠. 가만히 있으면 참 괜찮은 사람들이 있잖아요. 듣는 건 어려운데 말하는 건 참 쉬워요. 다시 주워 담을 수도 없는 말을 통해서 그 사람의 평소 습관이나 생각이 드러나는 것처럼 글쓰기 또한 그런 것 같아요.

저는 꾸준히 SNS에 글을 쓰고 공유하고 있는데요, 가끔은 너무 푼수같이 나를 드러냈다고 후회하기도 했어요. 글을 쓸 당시에는 몰랐는데, 이미 많은 사람들이 내 글을 다 보고는 '쯧쯧' 혀를 차거나 '왜 저래?' 했을 그 시간이 되어서야 후회가 밀려오기 시작하는 거예요. 가끔 멋있는 말

한마디 써놓고는 '내가 뭔데.'라며 스스로 위축되기도 했고, 구구절절한 이야기를 진솔하게 늘어놓고는 짠내 폴폴 풍기는 나 자신이 초라하게 느껴져 후회하기 일쑤였어요.

생각해보니 글을 쓰는 순간은 제가 가장 행복한 순간이기도 했지만, 고민과 괴로움이 가득한 순간이 더 많기도 했네요. 그렇게 나를 드러내는 게 싫고 두려우면 글을 쓰는 내 손을 막으면 그만인데, 글쓰기가 뭐라고 이런 모진 풍파를 겪으며 계속 글을 쓰고 있는지요.

하지만 이 괴로움과 한계는 내가 반드시 감당하고 뛰어넘어야 할 나만의 싸움이라는 사실, 그 한 가지는 제가 정확하게 알고 있었어요. 그 한계 앞에서 좌절하고 두려워 피했다면 저는 그저 일기장에 남기는 글을 쓰는 걸로 내 삶을 만족했을지도 모릅니다.

무언가 싸워서 이겨야 할 것 같은 그런 느낌 아닌 느낌이 들었어요.

나를 드러내는 것을 두려워하지 않아야 더 진솔한 이야기를 쓸 수 있음을 무의식 중에 의식하고 있었어요. 내가 드러나지 않고는 쓸 수 있는 이야기가 아무것도 없습니다. 글을 쓰든, 말로 하든, 우리는 이제 다양한 도구를 통해서 나를 드러내고 브랜딩 해나가야 하는 시대에 살고 있잖아요. 다재다능한 재능과 아름다운 성품을 감추고 조용하게 빛을 내며 사는 사람들도 참 많지만, 저는 잠잠히 있자니 '존재하지 않는 사람'같이 느껴졌어요. 오늘 내가 보고 듣고 느끼고 생각한 모든 것을 정리해서 글로 쓰고 싶었고, 그 글을 통해 내 마음을 누군가와 공유하고 싶었고 누군가에게 공감을 받고 싶다는 욕망이 생기기 시작했어요. 그러면서도 여전히 내가 드러나는 글쓰기가 부담스럽고 참 어려웠습니다.

그런 두려움과 날마다 맞서 싸우며 SNS에 진솔하게 나만의 이야기를 하나씩 풀어서 쓰기 시작했어요. 실패하고 넘어졌던 육아 이야기, 잘하고 있다고 여기는 육아 팁, 남편과의 에피소드, 신앙 이야기 등 '성장하는 엄마'에 초점을 맞춰 매일 나만의 이야기를 피드에 올리기 시작했습니다. 전부터 써보고 싶었지만 두려워서 차마 오픈하지 못했던 이야기들을 하나씩 풀어나가기 시작했어요.

부족한 제 글을 따뜻하게 봐주시는 몇몇 분이 생겨났어요. 지금처럼 따뜻하고 솔직한 이야기를 많이 써달라며 진심으로 누군가가 다가오기 시작했어요. '그래, 내 부족한 글을 따뜻하게 봐주시는 분들이 계시는구나.' 감사했어요. 내 글을 그냥 지나쳐갈 수도 있는데 마음을 표현하고 나눠주시니 감동이 되었죠.

저는 용기를 내서 좀 더 대범하게 쓰기 시작했어요. 그러다 보니 쓸 거리가 너무 많은 거예요. 경험하고 느낀 이야기들, 함께 공유하고 싶은 이야기들이 너무 많은 거예요. 내가 보는 모든 것을 쓰고 공유하고 싶어졌어요. 글을 쓰고 싶은 욕망과 갈급함이 커갈수록 나를 다 까발려야 하는 두려움도 함께 자라나 주저할 때가 더 많았던 저는 어느 날, 아주 놀라운 경험을 하게 됩니다.

나를 드러내는 글쓰기를 두려워하지 않게 된 결정적 사건

괌 휴양지로 가족여행을 다녀왔는데 여행 마지막 날, 계단에서 발을 헛디뎌 코뼈가 부러지는 사고를 당했습니다.

괌, 좋다고 많이 듣기는 했는데요.

괌의 감성이 저의 모든 오감, 육감을 다 뒤흔들었어요. 저는 괌의 감성에 푹 빠져 있었어요. 파란 하늘과 어우러진 뭉게구름 위로, 곳곳에 아름드리 뻗어 있는 야자수 나무와 수영장을 부드럽게 감싸 안는 경쾌한 레게풍 음악에 취해 흐느적거리며, 아이와 물속에서 둥둥 떠 있는데 정말 천국에 있는 것 같더라고요. 괌의 감성에 취했던 것 같아요. 물에 둥둥 떠서 분위기에 흠뻑 취해 있다가 수영장에서 나와 숙소로 돌아가는 길이었습니다. 마지막 밤, 기분 좋게 사진 한 장 남겨봅니다. 남편이 찍어주었죠. 아이들은 형님이 먼저 데리고 앞서가고 있었고요.

인생사진 한 장 남기고 앞서 간 아이들을 따라잡겠다고 뛰기 시작했습니다.

제가 평소에 정말 뛰지 않거든요. 잘 뛰지도 못하고 뛰고 호들갑 떠는 성격도 아니에요.

그저 기분이 한껏 업이 되었던 것이 문제였습니다. 꽝 감성에 흠뻑 취해 있었던 것이 문제였습니다. 감성이 너무 충만해도 이래서 문제가 되는 거였어요.

기분이 너무 좋아진 저는 갑자기 뛰기 시작했어요. 뛰고 있는데 내 몸이 너무 가벼운 거예요. 마치 환각 상태였던 것 같아요. 꽝의 아름다운 감성에 취해 깃털처럼 가벼워진 몸은 곧 새가 되어 날아가버릴 것 같았습니다. 마치 〈겨울 왕국〉의 엘사가 된 기분이었어요.

그때, 제 몸은 재빨리 현실로 돌아왔고 무거운 몸을 너무 빠르게 움직였던 부작용이 바로 브레이크를 걸었습니다.

발이 계단 끝 부분을 부정확하게 디디면서 저는 달리던 속도 그대로 계단에서 고꾸라지고 맙니다. 정확히 얼굴로 넘어졌어요. 이마를 먼저 부딪쳤고 코를 2차로 강타 당했죠. 손을 짚었어야 했는데 손을 짚지 못하고 얼굴로 계단을 들이박은 거예요. 충격이 어마어마했습니다. 코가 날아가버린 줄 알았어요. 코가 내 얼굴에 붙어 있지 않고 어디론가 날아가버린 듯, 베인 듯 너무 아팠어요. 옆에 있던 남편에게 물었습니다.

"여보, 내 코, 내 코 내 얼굴에 있어? 안 날아갔어?"

아직도 그때의 충격이 떠올라 몸서리쳐지네요. 다음 날 한국으로 돌아와 바로 병원에 갔고, 다친 후에 얼굴이 퉁퉁 붓긴 했지만 통증이 그다지 심하진 않아서 희망을 부여잡고 있었어요. 제발 코뼈가 부러지지 않았기를 간절히 바라보았어요. 하지만 넘어졌을 때 충격을 떠올리면 코뼈가 부러졌을 수도 있겠다는 생각이 들긴 했습니다. 불행한 예감은 적중했고 '비골골절'로 수술을 해야 한다는 의사 선생님 소견을 듣고는 씁쓸하게 병원을 나왔어요.

그런데 너무 이상하죠.

이 모든 이야기를 쓰고 싶어 안달이 나기 시작했어요.

하지만 도저히 쓸 수가 없겠더라고요.

제가 경험하고 겪은 이 놀라운 사건을, 어처구니없는 이 사건을 글로 쓰고 싶어 죽겠는데 차마 쓸 수가 없었어요. 뭐 좋은 일도 아니고, 부끄럽기 짝이 없는 이야기를 써서 뭐하느냐며 참고 또 참았습니다. 그런데 제 머리는 이 사건을 글로 연신 출력하느라 바쁘게 움직이기 시작했어요. 이야기가 쌓이고 쌓입니다. 손으로 쓰지 않으니까 글이 머릿속에서 쌓이고 쌓여 넘쳐나기 일보직전이었어요. 그래도 참았습니다. 마치 '임금님 귀는 당나귀'를 외치지 못해서 병이 났던 신하처럼 답답해서 미칠 지경이었죠. 그래도 '이 이야기만은 절대로 쓰지 않겠다.' 다짐하며 머릿속에서 끊임없이 출력해내는 텍스트들을 끝내 모른 척했어요.

그리고 비골골절 수술을 받았습니다.

짧고 간단한 수술이라지만 꽤 아프고 험난했죠. 모든 것이 끝나자 후련함이 몰려왔어요. 수술을 앞두고 복잡한 마음들, 수술대 앞에서 긴장되었던 시간들, 수술 후에 혹시 있을 부작용에 두려웠던 모든 시간들이 다 지나갔습니다. 수술을 끝내고 회복실에 누워 있는데, 전신마취 후 잠이 들면 안 된다고 깨어 있으라고 하더라고요. 저는 몽롱한 기분에 '이 모든 것이 다 끝났다.'라는 후련함을 느끼며 지금까지 있었던 모든 일을 기어이 다 쓰고야 말았습니다.

쓰는 내 손은 정말 거침이 없었어요.

빛의 속도로 거침없이 글을 써내려가기 시작하는데, 스스로도 정말 놀랐습니다. 거침없이 손끝에서 글이 터져 나오기 시작하는 놀라운 경지에 올라서게 된 것은, 그동안 쓰고 싶은데 쓰지 못했던 글들이 이미 머릿속에서 쌓이고 쌓여있었기 때문이라는 사실을 깨달았어요.

그러니까 저는 도무지 쓰지 않고는 견딜 수 없는 삶이 되어버렸다는 사실도 알게 되었어요. 이 정도 훈련을 받았으니 작가가 되어야 마땅하겠다는 생각을 하며 나의 글쓰기를 향한 열정에 백기를 들어버렸습니다.

많은 분들이 저의 소식을 접하고는 놀라워하셨어요. 위로를 건넸고, 함께 코끝이 시리다며 공감해주셨어요. 리얼하게 글을 잘 써서 너무 실감났다는 칭찬의 글도, 그 와중에 글을 쓰고 있는 제가 대단하다고 말하는 글도 보였습니다. 따뜻한 텍스트 안에서 많은 분들의 위로를 받으며 잔잔한 감동이 몰려왔어요. 그 사건을 계기로 저는 당당하게 쓰는 사람이 되기로 마음먹었습니다. 나의 연약한 모든 것을 있는 대로 다 까발리고 나니, 더 이상 두려운 것이 없더라고요. 이제 못 까바릴 것도 없겠더라고요. 작가로서 아주 좋은 훈련이 되어준 사건이었습니다. 작가라면 내 이야기를 진솔하게 들려줄 수 있어야 한다고 생각했지만 저는 늘 용기가 없었거든요.

내 글에 내가 없으면 그건 내 글이 아니다. 내가 보여야 진심이 담긴 글이다

글쓰기를 하면서 여전히 나를 드러내기를 두려워하고 스스로에게 나 자신이 되기를 눈치 보며 주저했더라고요. 다른 사람의 눈치를 보며 하마터면 놓칠 뻔했어요.

글이란 것은 나 자신이 온전히 드러나야 하는 것이고 다른 사람과 다른 내가 드러날 때 나만이 가진 특별한 이야기기 시작되는 거잖아요. 누군가와 바꿀 수도 없는, 다른 사람은 절대 흉내 낼 수 없는 고유한 지성과 감성이 나에게 있다는 사실을 붙들고 조금 더 용기를 냈어요, 내가 드러나는 글쓰기를 더 이상 두려워하지 않고, 다른 사람을 의식하지 않고 담대하게 하고 싶은 이야기를 써 내려가기로 말이죠.

지금 그 이야기를 만들어가고 있어요. 누구나 다 알고 있는 뻔한 이야기 말고, 나만이 가진 특별한 이야기를 이곳에 담아내고 있어요. 어쩐지 비슷하면서도 어딘가 다른, 나만의 특별한 이야기를 따뜻하게 담아내고 싶었어요. 성장하는 엄마들을 응원하며, 성장하고 변화하기 시작한 나의 모든 여정을 솔직하게 담아내고 싶었어요.

다른 책에서 본 인상 깊은 문장에 내 생각을 덧붙인 글쓰기는요, 글쓰기를 풍요롭게 해주는 훈련이 되어주긴 했지만, 그 글속에는 내가 없는 거더라고요. 누구나 알고 있는 뻔한 이야기를 뻐꾸기처럼 혼자 떠들고 있었어요. 내 글 속에 내가 안 보이니까 아무 매력도 없는 글이 되어버렸어요. 재미없는 진부한 글이 되어버렸어요. 내가 가진 감성을 담아 따뜻하고 진솔하게 써내려간 글 속에, 비로소 내가 보이더라고요. 텍스트 너머에 정말로 내가 서 있는 것이 보이더라고요.

저는 이제 글쓰기를 통해서 나를 드러내는 것을, 내 생각을 드러내는 것을 두려워하지 않기로 했습니다. 그 안에 다른 사람은 잘 모르는, 가끔은 나도 잘 모르겠는 또 다른 내면의 내가 있으니까요. 나는 그런 나와 더 자주 만나고 싶어졌습니다.

글을 쓰면 여지없이 내가 드러납니다.
부족한 내가, 부족한 내 생각이, 부족한 내가 바라보고 있는 모든 것이
문장 속에서 그대로 드러납니다.
글쓰기를 시작할 때 나를 드러내는 것이 참 어려웠어요.
하지만 나를 드러내지 않고는 글을 쓸 수가 없어요.
나를 드러내지 않고는 내가 쓰고 싶은 글을 쓸 수가 없어요.
그래서 글을 쓸 때 나를 드러내는 것을
두려워하지 않아야 합니다.
다른 사람이 뭐라고 하든, 나는 나예요.
나를 조금 더 믿어주고 응원해주며
당당하게 세상에 나를 드러내라고 오늘도 저의 어깨를 두드려봅니다.

포기하지 않는 마음, 언제나 진리

글쓰기는 왜 하는 걸까요?

왜 오늘도 새벽 일찍 일어나 더 자고 싶은 유혹을 이겨내고 그 자리를 지키려고 하는 걸까요? 저 자신에게 하는 질문이었습니다.

새벽에 일어나면서, 다시 이 끈마저 놓치고 살게 될까 봐 두려운 마음에 이불을 박차고 일어나 앉아 있기 때문이었어요. 왜 나는 쓰고 싶어 하는지, 나는 또 무엇을 써내려갈 것인지, 고민이 되기 시작했습니다. 내 글이 사적인 글쓰기가 되지 않았으면… '자기 문제'에만 매몰되어 듣고 있는 사람의 고역은 의식도 하지 못한 채 내 이야기만 쏟아내고 있는 글쓰기가 되지 않았으면 하는 바람이 있었습니다. 누구나 듣고 싶고, 공감할 수 있는 이야기를 따뜻하게 써내려가고 싶었어요. 피아니스트의 손끝을 타고 아름다운 선율이 울려 퍼지듯이 따뜻하고 아름다운 문장 하나하나가 내 손끝을 타고 흘러나온다면 좋겠지만 아직 갈 길이 멀게만 느껴집니다.

그래도 글을 쓰며 내 마음이 정리되는 것이 무엇보다 큰 유익이었어요.

잡동사니가 수북이 쌓여 있는 골방에 어지럽게 흐트러져 있는 물건들이 버려지고 정리되어 다시 깨끗해지기 시작하는 것처럼 글을 쓰면서 내 생각과 감정이 정리가 되었습니다.

> "작가란 글 쓰는 즐거움과 생각의 짐을 벗어버리는 데서 보람을 찾아야 할 뿐, 다른 것에서는 무관심하여야 하며 칭찬이나 비난, 성공이나 실패에는 아랑곳 하지 않아야 한다는 말이다."
>
> 서머싯 몸, 『달과 6펜스』

맞습니다. 그저 글 쓰는 즐거움을 느끼고 생각의 짐을 벗어버리는 데서 보람을 찾기만 해도 글쓰기의 유익은 충분했어요. 하지만 기왕이면 누군가가 공감할 수 있는 글을 쓸 수 있다면 더 보람되지 않을까요? 서머싯 몸이 말하는 '다른 것에서 무관심해야 한다'는 것은 제가 얻고 싶어 하는 공감일 수도 있겠다는 생각이 들었어요. 공감, 칭찬, 비난, 성공, 실패. 모든 것에서 자유롭다 치더라도 나는 어떤 글을 어떻게 써야 할지 모를 때가 많았습니다.

내 마음을 울리는 글이 다른 사람의 마음도 울릴 수 있다

쓰면서도 공허하게 느껴지는 글들이 있더라고요. 나도 내가 무슨 말을 하는지 모르겠는 그런 글을 쓸 때가 많더라고요. 기왕이면 다른 사람의 마음을 울리는 글을 쓰고 싶어졌어요. 나 자신의 마음을 울리는 글이 다른 사람의 마음도 울린다는데, 사람의 마음을 울리는 글을 쓴다는 것이 얼마나 어려운 일인가요.

『어떤 글이 살아남는가』에서 우치다 다쓰루 저자는, 많은 사람들이 글을 쓰는 동기 자체가 망가져 있다고 진단합니다. 자기 경험과 감정은 뒷전인 채, 더 많은 지식과 인상 깊은 편협만을 찾아서 전전하니 글쓰기는 점점 더 억지스럽고 고역이 된다는 거예요. 결국 글을 쓰는 용기란, 그리고 그 방법이란, 내 안에 있는 이야기를 힘 있게 전하는 것이라는 저자의 말이 '나만이 가진 이야기를 힘 있게 전하는 것'이 참 힘든 저에게 용기를 불어넣어주었습니다.

이런 글을 나는 쓰고 있는지, 이런 글은 어떻게 써야 하는지 잠시 숨을 고르며 돌아봅니다. 다시 은유 작가가 저에게 말하기 시작합니다. 우리는 생각보다 우리 자신에게 무지하고 우리 자신과 서먹하기 때문에 글을 쓰며 나를 알아가는 쾌감이 크다고 말이죠.(참고 : 은유, 『다가오는 말들』)

때로 글쓰기란 그저 나 자신을 알아가는 쾌감만으로도 값진 것임에 고개를 가만히 끄덕여봅니다. 저자와 소통하고 저자의 이야기에 공감하며 곱씹고 있자니, 어느새 은유 작가는 저 이상 너머의 유명한 작가가 아니라 오늘 내 옆에서, 내 이야기를 들어주고 나의 글쓰기 고민에 아름다운 조언을 서슴없이 건네주는 친언니같이 포근하고 다정하게 다가오기 시작했어요. 이런 것이 저자와의 소통이고 공감일 거예요. 저도 이런 소통과 교감이 오가는 진정성 있고 따뜻한 글을 쓰고 싶어졌습니다.

"나에게 행복은 완벽한 글 하나를 쓰는 거야. 그런데 그게 안 되는 거지. 그러니까 계속 쓰는 것이고. 그런데 알고 보면 이 세상에 존재하는 모든 글은 실패한 글이라네."

이어령, 『마지막 수업』

놀라운 통찰력과 지식으로 무장하신 고 이어령 선생님의 고백을 듣고는 깜짝 놀랐어요.

그분도 완벽한 글 하나를 쓰는 것이 행복이었다는데, 그게 잘 안 되어서 계속 쓰는 거라고 말씀하셨는데, 도대체 나는 무엇이기에 부족한 글을 가지고 끙끙 앓고, 그 글을 드러내고 싶지만 드러낼 용기도 내지 못한 체 두려워하고만 있는지 돌아보게 됩니다.

여백을 가득 채운 문장들은 그저 무의미하게 나열되어, 아까운 종이와 잉크만 낭비하고 있는 건 아닌지 두려워졌는데요, 또 두려운 마음에 하마터면 다 놓을 뻔했어요.

마음을 가다듬고 다시 글을 씁니다.
어제보다 조금 더 나은 글을 쓰고 싶어서 다시 또 쓰기 시작합니다.

그런 글이 안에서 쌓이고 기본에 충실하며 잘 닦아나가다 보면, 어느새 아름답게 흘러넘치게 될 거라 또 한 번 믿어보는 거예요. 쓰다 보니 쓸 거리들을 찾게 되었고, 쓸 거리들을 찾다 보니 더 관찰하게 되었어요. 더 관찰하다 보니 전에는 놓친 것들이 보이기 시작했고, 놓친 것들이 보이기 시작하니 더 쓰고 싶어지는 선순환이 일어났어요. 오늘 내가 보고 느끼고 경험한 모든 것 들을 쓰기 시작하니, 그렇게 쓰다 보니, 나를 만나게 되었고, 쓰다 보니 그 너머에 있는 나 자신이 보이기 시작했어요.

용기를 내어 진솔하게 쓰기 시작하니 저의 글에 공감해주고 함께 울어주는 이, 한두 명이 생기기 시작했습니다. 어느새 전혀 알지 못하는 그 누군가가 조심스레 다가와 텍스트 안에서 저와 소통하고 교감하고 있었어요.

그리고 저에게 나지막이 말해주었습니다. 지금처럼 따뜻한 글을 계속 써달라고요. 그대로 얼굴을 파묻고는 한참을 울었습니다. 제가 너무나 듣고 싶었던 따뜻한 말이었거든요.

저는 글을 잘 쓰진 못해요.

그냥 진솔하고 솔직한 나만의 이야기를, 나만이 가지고 있는 따뜻한 감성을 담아 써보는 거예요. 여전히 글쓰기는 어렵습니다. 많은 에너지와 시간이 필요해요.

혼자만의 싸움이고 훈련이에요.

그래도 계속 써보는 거예요. 쓰다 보면 보게 되고 알게 되는 것들이 있더라고요. 작가들이 말하는 모든 것에 그저 경이로움만 표하고 있었는데, 어느새 '웬일이니, 완전 내 이야기네.'라고 말하는 뻔뻔함이 생기더라고요. 마음을 담아 진솔하게 쓰기 시작하니 그 글을 통해서 누군가 저에게 다가오기 시작하더라고요.

여전히 힘 빼고, 진솔하게 쓰는 것이 최고

글쓰기는 여전히 어렵습니다. 잘하려고 하면 더 어렵습니다. 그래서 많이들, 힘을 빼고 글을 쓰라고 조언해주나 봅니다. 힘이 잔뜩 들어간 글은 어딘가 정말 억지스러워요.

그냥 이야기하듯 편안하게 써내려가는 글이 읽기도 편하고 쓰기도 편한 것 같습니다.

무엇보다 나 자신이 잘 드러나고 나타난 글이, 꾸며내지 않은 솔직한 글이, 내 생각과 경험을 솔직하게 잘 담아낸 글이 여전히 가장 나다운 글이라는 것을 다시 한 번 마음에 새겨보는 거예요. 참 쉬운 것 같으면서도 어려운 글쓰기. 포기하고 싶지만 포기하지 않고 끝까지 붙들고 있었더니 여기까지 왔습니다. 포기하지 않고 또 묵묵히 써 나가보는 거예요.

그러다 보면 내 마음을 울리는 한 구절의 문장 앞에 눈길이 멈춰서는

순간이 있더라고요. 그 문장을 차근차근 완성해나가는 고되지만 아름다
운 그 여정을 저는 도무지 쉽게 포기할 수가 없습니다.

글쓰기가 어렵죠? 생각보다 쉽지 않아요.
하지만 처음부터 잘되는 게 어디 있나요?
재능이 있는 사람도 그 재능을 끝까지 살려내지 못하면
끝까지 붙들고 있지 못하면 그 재능의 열매를 맛 볼 수 없는 거잖아요.
재능이 없더라도, 끝까지 살려내면, 끝까지 붙들고 있으면
그 값진 열매를 맛볼 수 있는 거더라고요.
중요한 것은 포기하지 않는 마음이더라고요.
간절한 마음으로 꾸준히 써 내려가다 보니
어느새 저도, 제 마음을 울리는 글 앞에 서게 되네요.
과연, 제 마음을 울리는 글 앞에서
타인의 마음도 함께 울릴지는, 조금 더 지켜봐야 알 것 같지만요.

꽃 한 다발이 세상에서 가장 아까운 선물이라고 생각했는데, 이제는 꽃집에 주기적으로 달려가는 아줌마가 되었습니다. 화병에 꽃이 시들지 않도록 부지런히 꽃 한 다발을 사다가 집 안 곳곳에 꽂아둡니다. 비싼 꽃도 필요 없어요.

만 원의 행복으로 꽃이 주는 기쁨과 작은 사치를 누릴 수 있습니다. 너무 금방 시들어버리는 꽃이, 더 오래 두고 보지 못하는 꽃이 늘 아쉽기만 합니다. 시들어버린 꽃을 정리해야 하는 순간엔 꽃에게 너무 미안한 거예요. 그런데 한 다발 꽃을 사들고 오면 먼저 시들기 시작하는 꽃들이 반드시 있더라고요. 하루 만에 시들기 시작하는 꽃도 있습니다. 꽃들 중에도 시원치 않은 녀석들이 있나 봐요. 쉽게 시들어버리는 약한 아이가 있나봅니다.

제가 관리를 잘 못하는지, 한 다발 꽃들은 보통 일주일을 넘기지 못하네요.

아이들을 키우는 집이라 평균 온도가 높은 편인 우리 집이, 꽃에게는 안 좋은 환경이 될 수도 있대요. 꽃은 좀 선선한 곳에 있어야 오래 유지가 된다고 하니 선선하지 못한 우리 집 온도가 아쉽기만 하네요. 보통 일주일이 지나면 꽃봉오리가 고개를 숙이기 시작하고 색도 변하기 시작해요. 그리고 마르기 시작합니다. 아무리 지극정성으로 물을 갈아주고 줄기를 깨끗하게 닦아주어 깨끗한 물을 담아주어도, 무심해야 오래 가려나 싶어 덜 만지고 물을 덜 갈아주어도, 영락없이 딱 일주일이에요. 일주일이 지나면 시들시들해져 더 이상 화병에 꽂아둘 수 없게 되는 거예요.

다 죽고 시들었는데 너는 왜 혼자 살아남았어?

그런데 이상하게도 다 시들어 말라버렸는데, 유독 싱싱한 꽃이 한 송이 남습니다. 그것은 사온 지 하루 만에 시들어버리는 그 약한 꽃과는 반대로, 다 시들어버린 꽃들 속에서 혼자 강인하게 살아남는 거예요.

모두 말라서 시들어버렸는데 왜 그 한 송이는 혼자 살아남아 생생함을 유지하며 독보적인 생존력을 보이는 것일까요? 꽃들에게도 수명이라는 것이 있는 걸까요?

어제까지 우리와 함께 숨 쉬고 이야기를 나누며 일상을 누리던 누군가는 어느 날 갑자기 '삶의 마침표를 찍고' 모든 것에서 모습을 감추고 사라져버리기도 합니다. 그 한 사람은 모습을 감추고 영영히 사라져버렸지만, 여전히 세상은 그런 그와 상관없다는 듯 돌아갑니다.

살아남은 사람들은 일상을 누리고 존재감을 드러내며 삽니다.

함께 묶여 있던 예쁜 꽃들 중에서, 다른 꽃들은 다 시들어 화병에서 뽑혀 사라져버렸는데 마지막 한 송이 꽃은 시들지도 않은 채, 예쁜 꽃잎을 자랑하며 올곧이 피어 있습니다. 왜 어떤 꽃은 시들고 어떤 꽃은 오래도록 남아 화려함을 자랑하는 건지 문득 궁금해졌어요. 다른 꽃들은 다 시들어서 버려졌는데, 그 사이에서 혼자 살아남은 그 꽃을 보면서, 어떤 사람은 일찍 죽고 어떤 사람은 오래도록 살아남는지, 삶과 죽음의 문제로 잠시 연결되었습니다. 우리는 우리 자신이 언제 피고 언제 시들지 모릅니다.

그래서 그런 말이 있나봅니다. 오늘을 마지막처럼 살라고 말이죠.

친한 지인은 아니지만, 안면이 있는 이웃이 갑자기 부르심을 받아 우리 곁을 떠났다는 소식을 듣고 무척 놀랐고 마음이 무거워졌어요. 누군가의 엄마이고 누군가의 아내였습니다. 저처럼 평범하게 삶을 살아가던 또래 여성이었습니다. 갑작스러운 죽음 앞에서 남일 같이 느껴지지 않는 거예요. 문득 올곧이 살아남아 혼자 빛나고 있는 꽃 한 송이에 이런저런 생각이 더해졌고 괜히 울적해졌어요. 나는 언제까지 피어 있을 수 있을지, 다 시들어 죽어버린 꽃들 속에서 혼자 생생함을 유지하며 살아남은 꽃 한 송이처럼 올곧이, 오래 동안 피어 있고 싶은데 그게 내 맘처럼 되는 일이 아니라 센치해졌습니다. 누군가는 죽고, 누군가는 살고, 어떤 꽃은 지고, 어떤 꽃은 피어납니다.

내 마음을 읽었는지, 마음이 통했는지 큰아이가 곁을 맴돌며 자꾸 불안해하네요.

요즘 자꾸 안 좋은 꿈을 꾼다며, 자기가 생각하고 있는 슬픈 예감이 현실로 다가올 것 같다며 두려워합니다. 엄마나 아빠, 사랑하는 가족이 죽게 될까 봐 두려워 떨고 있어요. 특히 아이의 꿈속에서는 엄마인 제가 자주 죽나 봅니다. 그런 꿈을 꾸고 있으니, 그 일이 현실로 일어날까 봐 두려워지는 모양이에요. 저도 그런 두려운 순간을 바라보고 있었기에 아이의 마음에 순간 동요가 되었습니다. 하지만 아이와 함께 대화하며 내려진 결론을 통해서 우리가 죽고 사는 문제는 우리의 선택이 아님을, 주권이 우리에게 있는 것이 아님을 다시 한번 직시해보았어요. 그리고 그런 염려를 내려놓고, 현실에 더 충실해보자고, 오늘을 살아가는 이야기에 더 귀 기울여보자고 이야기를 나누면서 복잡했던 제 마음도 정리가 되었습니다.

불안해하는 아이를 위해 기도해주고 그런 아이에게 감사노트를 써보자고 제안했어요. 엄마도 불안해지거나 불평불만이 생기면 감사노트를 쓰는데 그러면 불안과 염려가 사라진다고 말해주었더니, 아이는 차분하게 제 옆에 앉아서 감사 제목을 하나하나 적어 내려갑니다.

'생명을 유지하여 하루를 살아서 감사합니다.

사랑하는 사람들과 하루를 보내서 감사합니다.

친구들과 즐겁게 놀아서 감사합니다.

근심을 이겨낼 수 있게 해주셔서 감사합니다.

내일부터 새 하루를 시작할 수 있도록 해 주셔서 감사합니다.

오늘도 저희를 먹이시고 보살펴주셔서 감사합니다.'

아이가 쓴 감사노트를 보며 흠칫 놀랐어요.

아이의 내면의 성장과 단단함이 느껴지는 듯했거든요.

아이가 적어놓은 글을 보고 있으니, 내 아이지만 내가 몰랐던 또 다른 아이와 만나는 느낌이 들었어요. 글을 통해 새롭게 만난 내 아이는, 내 앞에 있는 아이와는, 내가 품고 키워낸 내 아이와는 어쩐지 좀 다른 모습이었어요. 아이의 마음속에 들어가 진정한 내면아이와 만나고 바라보고 있는 듯 착각이 들어 낯설기도 하고 반갑기도 했어요.

하지만 아이의 따뜻한 내면을 바라보고 있자니 이내 감동이 밀려왔습니다. 아이의 글을 읽으며 저의 근심걱정 또한 사라졌습니다.

아이의 감사노트를 SNS에 올리고 공유했습니다.

많은 사람들도 아이의 표현에 놀라고 감동했어요. 저는 그냥 지나치지 않고 표현해주는 한 사람 한 사람의 글에 또 감동이 됩니다.

언제 피고 질지 모르는 삶이라, 더 많이 표현하고 남겨보자

많은 사람들이 보았을 텐데, 그 마음을 표현하는 사람은 늘 몇 명 안 됩니다. 그냥 지나치지 않고 표현하는 마음 자체가 감동적이고 감사해지는 거예요.

이렇게 글이 글을 타고 작은 행복이 전해집니다.

아이가 남긴 따뜻한 글이 따뜻함을 낳고, 그 마음을 표현한 아름다운 마음이 또 다른 공감을 낳습니다. 아이 속의 작은 아이가 전해준 따뜻함이 내 마음을 따뜻하게 해주었고, 또 다른 누군가도 그 따뜻함을 느끼고 있어요. 글이 가진 아름다운 힘이 더 빛나 보였어요. 전혀 알지 못하는 누군가와 텍스트 안에서 아름답게 묶여져 마음을 나눌 수 있는 그 놀라운 힘이 말이죠.

표현하지 않으면 도무지 알 수가 없어요.

그래서 저는 더 많이 표현하고 살기로 했습니다.

더 많이 글로 남기기로 했습니다.

글과 생각은 사람만이 할 수 있는 고유한 지성이고 감성이잖아요.

예쁜 꽃 한 송이는 그저 말없이 화병에 꽂혀 끝까지 살아남았을 뿐입니다. 화병에 고고하게 꽂혀, 나의 눈길을 갈구하는, 그저 오늘 피었다 지는 꽃 한 송이일 뿐입니다.

저는 살아 있는 동안 더 많이 쓰고 느끼고 감동하고 표현할 수 있으니 오늘 피었다 내일 져도 어떠한가요. 저에게는 글쓰기가 있습니다. 오늘도 나는 쓰고 표현하고 남길 수 있습니다.

그래서 오늘도 쓰고, 다시 또 써봅니다.

온전하게 나를 빛내고 드러낼 수 있도록. 그런 단단한 문장으로 누군가에게 따뜻하게 다가갈 수 있도록 말이죠.

시들시들해지는 꽃들 사이에서
올곧게 피어 끝까지 살아남는 아름다운 한 송이가 있습니다.
어떤 꽃은 쓰레기통으로 사라져버렸는데
어떤 꽃은 화병 속에서 고고하게 고개를 한껏 들고 있네요.
혼자 살아남은 꽃 한 송이를 바라보며
언제 어떻게, 피었다 질지 모르는 인생의 막막한 두려움이
나를 감싸 안았습니다.
한 송이 꽃은 화병에 꽂혀 잠시 빛날 뿐이지만
오늘 나는 내 마음을 글로 표현하고 다가갈 수 있습니다.
오늘 나는 나만의 특별한 이야기를 남기고 전할 수 있습니다.
언제 피고 질지 모르는 삶이라, 피어 있을 때
더 많이 표현하고 남기기로 했습니다.

책 속에 길이 있다, 정말이네

도서관에 가서 욕심껏 책을 끌어 담았어요.

『역행자』의 저자인 자청이 그랬습니다. 뭐든지 그 분야에서 최고가 되려거든, 최소한 그 분야에 관한 책 30권 정도는 읽어봐야 한다고 말이죠.

역행자 제 4단계에서 필요한 '뇌 자동화' 시스템입니다.

저자 또한 독서에 무지했던 자신이, 독서와 글쓰기에 몰입하면서 변화하고 성장할 수 있었던 스토리를 강조하고 있습니다. 저자는 독서를 통해 축적된 내공인 '독해력'이 있어야만 자신이 말하고자 하는 성공담을 알아차릴 수 있고 실행할 수 있다고 계속 말하고 있어요.

그리고 무언가 원하는 꿈과 계획이 있다면 관련된 서적을 최소 30권 이상은 읽어보고 실행하라고 했습니다. 예를 들어 커피숍의 CEO가 되고 싶다면, 무작정 창업을 준비하는 것이 아니라 커피숍 창업에 관련된 서적을 최소 30권 이상은 읽어보고 실행하라는 거예요. 가만히 생각해보니 저는 책 읽기는 좋아하지만 한 분야의 책을 집요하게 파본 적이 없는 것 같아요.

그래도 육아서적은 꽤 많이 봤다고 자부하는데요, 읽다 보니 중복되어 겹치는 내용들이 보이기 시작했어요. 적어도 육아서적은 꾸준히 한 우물을 파보았는데, 저의 성장과 꿈과도 연결되는 글쓰기에 관련된 서적들을 정작 한 번도 읽어보지 못했더라고요.

특히 작가가 되려면 어떻게 해야 하는지, 작가들이 들려주는 스토리에는 한 번도 관심을 가지지 못했던 거예요. 그렇게 글을 써대고, 나중에 작가가 되는 게 꿈이라면서 왜 작가가 되기 위한 책들은 한 번도 안 들여다보았는지 나 자신에게 묻기 시작했어요.

독서하고 글쓰기를 시작하면서, 언젠가는 막연하게 작가가 되면 좋겠다고 생각은 했어요. 꾸준하게 쓰다 보면 작가가 될 수도 있을 거라 막연하게 생각은 해보았어요. 당장 작가가 되기 위해서는 내공이 부족해도 한참 부족하다고 생각했고, 좀 더 내공을 쌓고 나서 그때 작가라는 꿈도 꾸어보자며, 소극적인 모습으로 미뤄두고 있었던 거예요. 지금 당장 이루지 못할, 그저 원대한 꿈 같이 느껴졌거든요.

작가가 된다는 모든 순간이 꿈결같이 느껴졌어요. 그저 꿈꾸는 것만으로도 행복했어요. 사실은 내 마음 한가운데에 가득 차 있으면서도 실현 불가능한 현실처럼 느껴져 '저기 저 쪽, 저 구석으로 좀 가 있어봐.'라며 밀어내고 있었어요.

저는 조금 용기를 내어 작가의 꿈에 한 발자국 다가가기 시작했어요.

일단 관련 서적을 읽으며 공부해보자 싶었죠. 눈길 가는대로, 마음 가는 대로, 지금껏 한 번도 보지 못했던 책을 욕심껏 대여해왔습니다. 작가가 되기 위한 노하우들이 담긴 서적을 도서관에서 있는 대로 쓸어 담아왔어요. 수북이 쌓여 있는 책들을 보자 가슴이 두근거리기 시작했습니다. 어쩐지 뻔할 거라 생각했던 내용들은 전혀 뻔하지 않았어요. 책 읽고 글쓰기를 좋아했으면서 왜 정작 작가의 이야기와 삶은 들여다보지 못했는지, 그들의 이야기 속에는 놀라운 비전과 힘이 실려 있었어요.

정말, 책 속에 길이 있었습니다. 정말 그 길이 완벽하게 펼쳐져 있었어요.

작가가 되기 위한 다양한 노하우를 책을 통해 터득하기 시작하다

작가가 되기 위해 막연한 꿈만 꾸고 있던 저에게 지금부터 무엇을 어떻게 해야 하는지, 구체적인 방법을 친절하게 다 알려주고 있었어요.

작가가 되기 위해서 어떤 마음가짐을 가져야 하며, 어떤 길을 걸어 나가야 하는지도 다 설명해주었어요. 정말 이렇게 다 알려줘도 되나 싶을 정도였으니까요.

무엇보다 저의 마음을 가장 설레게 한 책은 『누구나 작가가 되는 책 쓰기의 혁명의 시대』였습니다. 김병완 저자는 누구나 책을 쓸 수 있는 시대가 되었다고 했어요. 넘쳐나는 정보가 평준화된 지식정보화 시대를 지나고 있는 우리는 이제 그 분야의 최고가 들려주는 이야기보다는, 무언가 전문적인 지식과 정보가 담긴 글보다는, 새로운 감성을 자극할 수 있는 스토리와 이미지에 주목하게 되었다고 설명하고 있었습니다. 이제는 지식과 정보보다 더 강하게 세상을 움직이는 힘이 필요하고, 그 힘이란 것은 지식이 아닌 감성을 터치해줄 수 힘이라는 거예요. 뻔한 지식과 어디서나 쉽게 흡수할 수 있는 전문적인 이야기 말고, 어쩐지 나랑 비슷한 것 같지만 나와는 다른, 그 사람만이 경험한 특별한 무언가를, 자신만의 독특한 이야기를 사람들은 듣고 싶어 하고, 그런 이야기에 마음이 가는 시대가 지금이라고 했어요. 그리고 작가라면 그런 이야기를 들려줄 수 있어야 한다는 것이었어요.

사람들은 무언가를 최고로 잘하는 사람들에게 열광하는 것에 이제는 지쳤다고 했습니다. 대신 독특한 이야기와 저마다의 경험이 담긴 진솔한 이야기에 마음을 빼앗긴다고 했습니다. 전에는 어땠을지 몰라도, 지금 우리가 살아가고 있는 시대는 그런 시대라고 합니다.

저는 큰 용기를 얻었고 도전이 되었어요. 그리고 그런 시대를 만난 것이 참 감사했죠.

내 이야기는 너무 평범해서, 나는 전문가가 아니라서, 세상의 스펙도 하나 없는 평범한 전업주부라서 얼마나 많이, 또 얼마나 자주 글쓰기라는 장벽에 가로막혔었는지 모릅니다.

하지만 나만이 가지고 있는 나만의 이야기가 있어요.

나만의 따뜻한 감성이 있습니다.

저뿐 아니라, 우리 모두에게 있어요. 평범하더라도 진솔하고 솔직한 감성은 사람들의 마음을 조용히 울릴 수 있고, 각자의 고유한 스토리에 공감하고 도전을 받고, 위로를 얻으며 살아가는 세상이 바로 지금이라는 거예요.

누군가를 가르치고 살리는 책도 좋지만, 마음을 잔잔하게 울리는, 평범하지만 따뜻한 글도 책으로 나올 수 있다는 사실에 저는 좀 용기를 내보았어요. 이미 쓰기 시작했다면 우리는 이미 작가이고, 쓰고 있는 우리 모두가 이미 작가라는 김병완 저자의 말에, 저는 작가라는 꿈을 조금 더 대범하게 꾸어보기로 했습니다.

저자의 말대로, 너도 나도 작가의 길에 들어서고 있는 시대 맞습니다.

평범해 보이던 나와 같은 전업주부인 그녀도 언제 원고를 썼는지 자신의 책이 나왔다며, 자신의 책이 진열된 서점에서 찍은 인증샷이 SNS에 올라옵니다. 또 어떤 분은 출간 제안을 받고 고민 중이라고 고백하네요. 어찌나 부럽고 신기하든지요. 유튜브 채널을 운영하며 엄마표 영어로 아이들을 키우는 그분도, 원고계약이 성사되기 일보직전이라서, 당분간 원고에 집중하느라 바쁠 것 같다는 말에 제 마음이 다 설레었어요.

확실히 전보다는 작가 진입의 벽이 낮아졌고 쉬워졌습니다.

오히려 포화 상태여서 저는 작가의 꿈을 더 접었던 것 같아요.

저보다 글을 잘 쓰는 사람들이 넘쳐나는 세상에서, 포화 직전인 출판 시장에서 내 글이 선택받을 확률은 더 낮아졌기 때문에 감히 꿈을 꿀 용기도 없었던 거예요.

누구나 쓰는 시대, 너도 쓰고 나도 쓰고 같이 쓰자

하지만 다시 용기를 내봅니다. 이미 포화 상태여도 괜찮아졌어요.

누구나 저마다의 스토리가 있어요. 그것을 글로 풀어내느냐, 못 하느냐가 이제는 중요해졌습니다.

주변에 보면, 정말 글쓰기에 관심 있고, 잘 쓰는 분들이 참 많아요.

글쓰기로 자기계발과 성장을 하는, 저 같은 평범한 주부들이 정말 많습니다. 지금도 저와 똑 닮은 삶을 살아내며 독서와 글쓰기에 푹 빠져 자기계발에 힘쓰고 있는 글 잘 쓰는, 책 많이 보는 평범한 주부들이 제 주변에도 정말 많아요.

지금은 그냥 그런 시대인 것 같아요. 누구나 쓰고 평범한 모두가 글을 씁니다.

글이 넘쳐나도 괜찮아요. 모두가 쓰는 시대인 것을 기억하기로 했죠. 너도 쓰고, 나도 쓰고 우리 모두가 쓰고 있습니다. 그러다 보니, 저는 누군가 쓰고 있는 사람을 만날 때 참 반갑더라고요. 마치 동지를 만난 것처럼 말이죠.

우리 모두에게 저마다의 독창적인 스토리가 숨겨져 있습니다.

그것을 드러내느냐 마느냐는 내 손 끝에 달려 있는 거예요.

쓰지 않으면 드러날 일도 없습니다. 모두가 쓰는 시대가 조금은 부담스러웠는데요, 모두가 쓰는 시대가 갑자기 너무 반가워졌어요.

평범하기 짝이 없고, 특별한 이야기도 없고, 반복되는 일상에 치여 허덕이다가도 그저 책 읽고 무언가 쓰고 있는 삶에 감사하고 만족하는 전업주부입니다. 밥하고 빨래하고 청소하고 아이들 뒤치다꺼리와 반복되는 무료한 일상 속에서도 작은 것 하나라도 글감으로 삼고, 펜이라는 무기를 쥐고 언제까지 버틸 수 있을지 가끔은 막막해지기도 했지만, 그래도 글을 쓰고 있을 때 가장 행복했고, 틈이 날 때마다 글을 썼던 전업주부예요.

누가 쓰라고 등 떠미는 것도 아니고요, 그저 꾸준하고 성실하게 글을 채워나가며, 작가라는 꿈 앞에 이르게 된 주부입니다.

이제 글쓰기를 시작한 지 겨우 3년 차예요.

1년 만에도 작가 제의를 받고 출판계약까지 성대하게 치르며 빠르게 그 길로 접어든 그녀들이 가끔 많이 부러웠습니다. 결국 저는 작가가 되지 못하더라도, 지금 내 삶의 이야기를, 내가 듣고 보고 느끼는 모든 것을 글로 남기는, 쓸 만한 인생을 살고 있는 제 자신이 문득 참 아름다워졌습니다.

"고로, 쓸 만한 인생을 사는 사람이란 거울에 비친 내 얼굴에 애정 어린 눈빛으로 바라보는 것처럼 자신의 삶을 정성껏 써 내려가는 모든 사람을 말한다."

이하루, 『내 하루도 에세이가 될까요』

누구나 쓰는 시대라서
저도 써보는데요, 가끔은 누구나 쓰는 시대가 부담스럽기도 했어요.
그래도 나만이 가지고 있는
소소하지만 특별한 이야기를 쓰기로 했습니다.
아들 셋을 키우며,
육아와 살림, 그 어느 것에도 소홀히 하지 않으며
틈틈이 글을 써나가며 글쓰기의 매력에 푹 빠져
작가의 꿈을 꾸기까지의 그 과정을요.
저만의 감성을 담아 여기까지 펼쳐내 보았습니다.
꿈꾸면 이루어집니다.
엄마의 꿈은, 그렇게 거실에서 이루어졌습니다.

이 글은 쓰레기야

처음으로 아이들끼리 점심을 먹게 했어요.

주말에 잠깐 볼 일이 있어 외출을 해야 하는데, 세 아이들을 다 데리고 갈 수는 없었고 남편도 집에 없었기에, 아이들끼리 점심을 먹어야 하는 상황과 처음 만나게 된 거예요.

초등학교 6학년 큰아이가 있기에, 다 조리되어 나오는, 포장만 벗겨서 먹기만 하면 되는 자장면을 집 앞으로 배달해주었습니다. 아이들이 가장 좋아하는 메뉴이고 손쉽게 먹을 수 있는 메뉴잖아요. 정신없이 일과를 마치고 집에 돌아와서 집 안을 정리하는데, 먹은 음식들과 포장 용기들을 가지런하게 정리하고 모아놓은 모습이 그제야 보였어요.

사실, 정신없는 하루를 보내며 아이들끼리 점심에 배달음식을 먹었다는 것도 잊어버리고 있었는데요, 문득 정신을 차리고 보니, 난장판이 되었을 부엌을 떠올리면서 단단히 각오를 했었던 마음가짐도 그제야 생각이 났습니다. 그런데 생각보다 부엌이 너무나 깔끔했어요.

포장용기도 이리저리 굴러다니지 않고 한곳에 착착 포개어놓았네요. 안에 음식찌꺼기들도 포장용기에 그대로 담겨 있는 게 아니라 개수대 한쪽에 잘 모아서 뒤처리를 해놓았어요. 당연히 큰아이의 작품이지요. 아마 큰아이의 지시에 따라 동생들도 정리를 도와주긴 했겠지만요. 저는 너무 놀라웠어요.

아들 셋의 자유로운 식사 후의 모습이, 저희들끼리 배달음식을 먹은 난 후의 모습이 너무나도 깔끔하고 정갈했기 때문이에요. 아이들이 이렇게 컸구나 새삼 실감했고, 늘 정갈하게 집안 살림을 정리하는 엄마의 뒷모습을 자연스럽게 모방했나 싶어지기도 해서 웃음이 피식 나왔어요.

배달음식을 말끔하게 정리해놓은 아이들의 세심한 손길이 기특해서 웃음이 새어나왔어요. 그리고 든 생각이 '이제 나가서 일해도 되겠다.'였어요.

그리고 문득, 아이들이 어려서 미루고 있었던 사회복지 실습이 떠올랐어요. 작가가 되려고 꿈꾸기 전에, 사회복지 공부를 마쳐놓은 상태였고, 실습만 마치면 자격증이 나오거든요. 아이들이 어리고 케어해줄 손길도 주변에 없기에, 하루 종일 실습에 나가야 하는 상황이 만만치 않아서 미루고 있었어요. 그런데 그 순간, 어떤 생각이 제 머릿속에 떠올랐는지 아세요?

'작가가 되는 것보다 얼른 사회복지 실습이나 나가서 자격증을 따는 것이 더 빠르겠네.'

어쩐지 슬프면서도 헛웃음이 나왔어요.

정말 그 길이 **빠를** 것 같다는 생각에 그냥 **빠르게** 동의했거든요. 그때도 원고를 쓰고 있을 때였는데, 정말 앞이 보이지 않는, 길고 어두운 터널을 지나는 느낌이여서 모든 것을 포기하고 다 내려놓고 싶어지는 순간이었거든요. 그래서 아마 그런 생각을 더 하게 되었나 봅니다.

일단 써라. 고치지 말고 써라

모두가 쓰는 시대라니, 저도 써보기로 했죠. 작가는 10년 후에나 도전해보려고 했는데 조금 더 당겨보았죠. 관련 서적을 30권을 읽고 나니 대충 알겠더라고요.

그 길을 먼저 가신 선배 작가 분들이 너무나 친절하게 다 설명해주고 안내해주셨어요.

저는 정말 그 길을, 의지와 신념과 끈기를 가지고 힘찬 발걸음을 내딛기만 하면 되었습니다.(물론 그 전에 독서와 글쓰기로 내공을 다졌던 시간들도 있었음을 고백합니다.)

일단 원고를 쓰라고 했어요. 제목과 목차와, 내 책을 읽을 독자의 타깃을 정하고, 그 독자가 내 앞에 앉아 있는 것처럼 이야기 하듯이 글을 쓰라고 했어요.

처음에는 고치지 말고 그냥 무조건 쓰라고 했어요. 어차피 원고를 탈고해야 하는 과정이 있거든요. 탈고하면서 수정하고, 탈고하는 과정이 결국 수정하는 과정이니, 오타가 나거나 문장이 무언가 이상한 것 같아도 무조건 써내려가라고 했어요.

일단 쓰는 것이 중요하다고 했어요.

다행히 브런치에 발행되어 있는 글을 가지고도 이미 한 권의 책이 완성되어 있었기 때문에 그것을 바탕으로 빠르게 제목과 목차를 정한 후, 원고를 써내려가기 시작했어요. 이미 제가 적어놓은 글을 다시 옮겨 적기만 하면 되는 거라 원고 쓰기는 완전 식은 죽 먹기였습니다. 이렇게 쉬워도 되나 싶었어요. 이미 책 한 권이 내 손안에 들려 있다는 사실에 앞서 나가는 느낌이 나서 신이 났어요. 쓰면서도, '꽤 잘 썼네.' 싶은 글이 생각보다 많아서 원고에 대한 기대감도 높아졌습니다.

기간을 정해두라. 최소 3개월, 길게는 6개월

그 기간을 명확하게 정하라고 했습니다.

짧게는 3개월, 길게는 6개월이라는 기한을 정해두고, 무조건 그 안에 원고를 쓰고 마감하라고 했어요.

너무 길어지면 무료해지고 지치기 때문에, 그러다 보면 자연스럽게 무언가에 묻히게 되고 잊히기 때문에 기간을 정해두고 원고를 완성하는 것에만 초점을 두며 다른 일을 다 접어두고 원고 쓰기에만 올인하라고 했어요. 사실 그때가 아이들 겨울방학 기간이라서, 아이들이 개학을 하고 난 후, 3월부터 시작해서 6월 달에 끝내려고 계획을 세워보았습니다. 원고를 쓰기 시작한 때가 정확히 1월이었거든요.

2023년 여러 가지 목표 중 계획했던 것 한 가지가 바로 '책 쓰기'였어요. 하지만 아이들 겨울방학 기간인지라, 조금 참았다가 꽃 피는 3월부터 써보려고 했죠. 그런데 아이들이 저희들끼리 너무 잘 지내는 거예요. 원래도 잘 놀고 잘 지내는 삼 형제들인데 더 잘 노는 거예요. 쓸 수 있는 시간들이 확보되었고 쓸 수밖에 없었어요. 아이들이 잘 노는 그 시간, 집중적으로 원고를 쓰기 시작했습니다.

블로그나 브런치도 잠시 내려놓았습니다.

너무 집중해서 쓰다가 또, 곁에 있는 아이들을 놓칠까 봐 욕심 부리지 않고 하루에 한 꼭지만 쓰기로 하고, 여건이 되면 두 꼭지를 쓰기도 했습니다. 새벽에 일단 원고 한 꼭지를 쓰는 것에 올인했고, 나머지 시간은 똑같이 살림하고 육아하고, 방학 동안 쉬고 있는 아이들과 박물관도 부지런히 다니면서 원고 쓰기를 했어요. 그렇게 쓰기 시작했는데 정말 두 달 만에 180페이지 분량의 원고를 마감하게 되었습니다.

중간에 출간 제의를 받기도 했어요.

정말 신기한 경험이었죠.

출판사에서 블로그를 통해 연락이 왔고 출간 제안을 의뢰했어요.

당시 쓰고 있는 원고가 30% 정도 완성되었을 때라서 '이 원고를 쓰고 있는데 이 원고로도 출간이 가능할지'를 의뢰했고, 오케이 사인도 받았고 출판 계약서를 손에 쥐는 순간을 맞이하게 되었답니다. 원고를 쓰고 있었는데 출판사로부터 출간 제안을 받게 되다니, 정말 놀라운 일이었죠. 겨우 2개월 만에 일어난 일이에요. 가슴이 벅차서 매일 울었어요.

모든 일이 너무나 빠르게 일사천리로 이루어졌고, 어느 날 정신을 차려보니 제 손에 출판계약서까지 들려 있었습니다. 그런데 계약서 내용을 찬찬히 살펴보니, 무언가 이해할 수 없는 조건이 몇 가지가 보였어요. 아무리 신입 작가라지만, 조건을 받아들이기가 힘이 들었어요. 그래서 정중히 거절했습니다. 출판계약이 무산됨으로 인해서 모든 것이 무너져 내릴 것 같은 절망감에 휩싸이기도 했지만, 전화위복의 계기가 되어 더 부지런히 원고를 쓰기 시작했어요. 좌절 속에서 큰 희망을 맛보았거든요.

내가 정말 작가가 될 수 있을지도 모르겠다는 막연한 희망 말이죠.

그렇게 2개월 만에, 말도 안 되게 원고를 다 완성하게 됩니다.

드디어 완성된 원고, 이건 정말 쓰레기야

하지만, 제가 쓴 글을 보는 순간, 정말 기가 막혔어요. 와! 완전, 이건 진짜 글이라고도 할 수 없는 거예요.

모든 내용이 뒤죽박죽 엉망이었고, 무슨 말인지 하나도 모르겠고, 너무 딱딱하고, 지루했어요. 내가 쓴 글, 내가 안 보면 누가 읽어주나 싶어 끝까지 읽어보려 노력했지만 중간까지 간신히 읽고는 노트북을 덮어버렸습니다. 정말 노트북을 그대로 던져버리고 싶었어요. 지금까지 '꽤 괜찮은 글'이라고 생각하며 썼던 글의 수준이 이렇게 형편없을 줄은 정말 상상도 못했죠. 이런 글을 쓰고 있으면서 원고에 대한 기대감을 높였던 나 자신이 한심해졌습니다.

내 원고는 정말 쓰레기 중에 쓰레기였어요. 그 말이 딱 맞아요.

종이었다면 박박 찢어버렸을 거예요. 절망스러웠습니다. 그렇게 열심히 썼고, 출간 제안도 받은 원고가 이렇게 쓰레기였다니. 잘 쓰고 있다고 생각했는데 지금까지 무엇을 쓴 건지, 그때 계약을 했다면 정말 큰일 날 뻔했다며 한숨을 몰아쉬었고, 쓰레기 같은 제 글 앞에서 정말 기가 막히더라고요. 여기서 포기했다면, 아마 이 책은 세상에 빛을 보지 못했겠죠.

저는 어쩐지 오기가 생겼어요.

정말 끝을 봐야겠다는 생각이 들었습니다. 그래도 180페이지나 완성되어 있는 이 글들을 어떻게든 살려봐야 되겠다고 생각했어요. 헤밍웨이가 외쳤던 "모든 초고는 쓰레기다."라는 사실을 믿고 위로를 얻으며 그 쓰레기를 버리지 않고 고쳐나가기 시작했어요.

일단 딱딱한 문체를 전부 부드럽게 다 바꾸었어요.

중간에 책 제목과 목차도 수차례 뒤집었습니다.

내용도 과감하게 삭제할 건 삭제하고 더 첨부하고 써넣으며 싹 다 갈아엎었어요. 기본 뼈대를 가지고는 있되, 완전히 다른 색으로 입혀나가며 탈고를 시작했습니다.

처음에는 오기를 가지고 시작했지만, 생각보다 너무 힘들더라고요. 완전히 글을 새로 쓰는 거나 다름없었어요. 수정이 아니라 완전히 뜯고 쳐야했거든요. 그만큼 형편없는 글이었거든요. 원고 쓰기는 식은 죽 먹기였는데, 쓰레기 같은 글을 버릴 수도 없고, 다시 살리는 작업. 바로 탈고하는 작업이 정말 가장 힘들었던 것 같아요. 창작의 고통이 이런 것임을 감히 알게 되었고, 책 한 권을 내는 것이 뼈를 깎아내는 것 같은 고난이도의 작업이라는 그 말을 그제야 실감하게 되었습니다.

포기하고 싶은 순간마다, 고비마다 한계를 뛰어넘을 용기

작업하다 보니 앞이 보이지 않는 터널 속을 지나는 느낌이었어요. 한 꼭지를 수정하는 데 거의 한 시간에서 두 시간이 걸렸어요.

한 꼭지를 수정한 후에는, 완성된 글을 소리 내어 읽으며 다시 수정했습니다. 그렇게 한 꼭지 한 꼭지를 수정해나갔고, 드디어 다 썼다고 생각하며 홀가분한 마음으로 원고를 처음부터 다시 죽 읽어보는데, 수정할 내용들은 여전히 많았어요. 또 다시 고치고, 맞지 않는 표현을 삭제하고, 중복되는 내용을 삭제하고, 어감을 고쳐나가고 앞뒤 문맥에 맞도록 글을 수정해나가는 그 일을 매일 했어요. 이게 뭐하는 건가 싶었습니다.

이렇게 했는데도 출판이 안 되면 어쩌나 생각하면 다 내려놓고 싶어지는 거예요.

하지만 포기하지 않았어요.

그때 마침, 내 마음의 갈급함을 해소해주었던 책, 앤절라 더크워스의 『그릿』을 읽으며 희망을 놓지 않았어요. 그리고 간절히 꿈꾸고 기도했어요. 재능과 환경과 IQ를 뛰어넘는 성공의 가장 큰 열쇠, 그릿을 떠올리며, 내 안에 그릿이 있음에 감사하며, 끈기를 가지고 포기하지 않고 글을 수정하며 탈고를 계속 해나갔습니다.

그리고 이 글은, 모든 탈고를 마친 후, 새롭게 추가해서 쓰게 된 글입니다.

이제 조금 더 탈고를 한 후에, 출판사에 투고를 할 예정이에요.

출판사의 문을 두드리는 거예요. 이런 글도 있음을요. 이런 글도 책으로 나올 수 있는지요. 누군가 이 책을 읽고 있다면, 전 성공한 것이고, 결국 선택받지 못한다면, 그저 이 짧은 3개월 동안 제가 글을 쓰며 느낀 모든 것은 아주 특별하고 색다른 경험으로 제 기억에서 끝나겠지만요. 중요한 건, 포기하지 않았다는 거요.

역경과 어려움 속에서도 놓지 않으려고 노력했다는 거요.

제가 마음먹고 꿈을 꾸기 시작한 작가의 꿈을 이루기 위해 희망을 놓지 않고 늘 글 속에 있었다는 거요. 평범한 주부도 해냈다는 사실이요.

그저 그 사실을 말하고 싶은 거예요.

꿈이 있다면, 그 길을 포기하지 않고 걷고 있다면, 그 시간이 터널 속을 지나는 것 같이 가끔은 암담하고 막막한 순간까지도 잠잠하게 견뎌내고 하루를 성실하게 쌓아나간다면, 언젠가는 그 꿈을 이룰 수 있습니다.

제가 그랬거든요.

평범한 전업주부가 밥하고 살림하고 아이들 키우며 거실에서 그 꿈을 이루어냈으니 마음만 있다면 우리 모두가 할 수 있다는 것을 말하고 싶은 거예요.

밥하고 빨래하고 설거지하고 아이들을 키우며 틈틈이, 거실 테이블 한 편에 앉아 꿈을 차곡차곡 쌓아나갔습니다. 엄마의 꿈은 정말로, 그렇게, 거실에서 이루어졌습니다.

그 길에 계신가요?
그 길을 걷고 계신가요?
꿈꾸고 그 길을 걷고 계신가요?
그 길을 걸어온 저는 이제 검증을 받아야 할 시간이에요.
계속 그 길에 있어도 될지,
계속 그 길에 남아 다른 글을 또 써도 될지.
저는 계속 그 길에 남아있고 싶지만
이 일이 어떻게 이루어질지요.
저는 계속 쓰게 될까요?
계속 씨도 될까요?

거실에서도 이루어질 수 있는 엄마의 꿈

이비인후과에 다녀왔다. 코뼈 골절 수술로 간단한 수술을 받고 통원 치료 중이었다. 이제 아픈 것 다 끝났다고, 고생했다고 위로해주신다.

담당 의사 선생님은 늘 사람을 편안하게 해주는 따뜻한 미소와 기분 좋은 말솜씨를 지니셨다. 그분에게서 나와 비슷한 감성이 느껴진다. 수술 전에도 "참 침착하다."며 잔뜩 긴장한 나를 편안하게 해주셨다. 보통 의사들은 신경도 안 쓸 내 평온한 심박 수에 놀라시며, 따뜻하게 말을 건네시는 그분의 감성에 나는 더 놀랐다. 그리고 더 편안하게 비골골절 이라는 간단한 수술이라지만, 통증은 꽤 얼얼해 눈물이 줄줄 났던 수술을 잘 받고 회복 중이다. 큰아이들 학교는 아직 방학 전이고, 막내 유치원은 방학을 일주일 먼저 시작했다. 방학이어서 집에 있는 막내를 강제로 동원해 이비인후과 진료를 보고 왔는데, 오늘은 지인이 막내를 봐준대서 수월하게 진료를 보고 왔다. 생각보다 진료가 빨리 끝나서 잠깐 투썸플레이스에 들러 커피 한잔의 여유를 누려본다. 그래봤자 아주 잠깐이었다. 아주 조금 늦었다고 핀잔주지 않을 지인이기에 배짱을 부려보았다. 막내를 픽업해 집으로 돌아왔다. 아이들도 하나둘씩 집으로 돌아온다. 조용했던 집이 북적거린다. 배고프다는 아이들에게 달콤한 핫케이크를 구워 내어줄 수 있는 건강함에 새삼 감사했고, 달콤하고 따뜻한 핫케이크를 맛있게 먹는 아이들의 모습이 새삼 달콤하게 느껴졌다.

큰아이에게로 전화가 걸려온다. 우리 삼 형제와 친하게 지내는 지인의 아들이다. 너무 나가고 싶어 하는 막내아이를 그동안은 못 나가게 했다. 형아들이 노는데 방해가 될 것도 같고 불안하기도 했다. 처음으로 그런 막내를 형아 손에 보내본다. 아이들도 흔쾌히 어린 동생을 데리고 놀이터에 가는 것을 승낙한다. 막내를 데리고 나서는 큰아이들의 모습이 새삼 든든하다. 아이들 셋이 나가버렸다. 나는 이제 놀이터 죽순이도 졸업이다. 신난다.

약속이 있어 차를 집에 두고는, 집 근처 전철역으로 데려다달라고 가끔 부탁하는 남편의 부탁을 오늘은 흔쾌히 들어주었다. 전에는 그러지 못했다. 아이들이 학교에서 돌아와 간식을 챙겨주느라 바쁜 그 시간과 늘 겹쳐 있었기 때문이다. 짜증을 내고 거부해봐도 남편은 꼭 그 시간에 데려다달라며 한두 번씩 부탁했다. 처음에는 완강하게 거절했고 나중에는 미안해서 들어주고 나면, 다녀와서도 마음이 불편하고 화가 나서 혼났다. 하지만 오늘은 기분 좋게 그 부탁을 들어줄 수 있어서 감사했다. 역으로 데려다주는 차 안에서 남편은 회사 분위기가 안 좋다며 힘들어하는 모습을 보인다. 오랫동안 힘들어했다. 오늘도 그런 남편에게 내가 그저 할 수 있는 말은 '잘하고 있고 잘될 거야.'라는 단순한 위로가 전부이다. 내 손엔 그 문제를 해결할 수 있는 키(key)가 쥐어지지 않았다. 남편이 헤쳐나가야 할 인생의 숙제이다. 나는 그저 옆에서 '힘들었겠다.' 공감하고 위로를 건네는 것밖에는 할 수 있는 것이 없다.

 남편을 역에 내려주고 유유히 도서관으로 향했다. 빌린 도서를 반납했다. 며칠 동안 품으며 읽고 씹어 먹었던 책은 반납할 땐 꼭 자식을 장가보내는 것처럼 헛헛하다. 그 헛헛함을 줄이기 위해서 찾은 방법이 한글파일에 인상 깊은 구절을 다시 타이핑하고 5줄 서평을 남기는 것이다. '엄마의 서재' 폴더에 착착 담아놓았다는 사실에 위안을 받으며 편안히 돌려준다. 나에게 잠시 들렸던 책은 무수히 많은 책의 바다 속에 다시 잠긴다. 누군가가 원석을 캐듯이 끄집어낼 때까지 말이다. 그리고 새로운 책을 설레는 마음으로 살펴본다. 이건 마치 누구와 결혼을 할지 선을 보는 마음과도 같다. 선을 본 적은 없지만 말이다. 그래, 그럼 누구와 데이트할지 고르는 기분이라고 바꿔보자. 어떤 책과 데이트를 할지를 고민하고 둘러보는 그 순간, 제목에 이끌려 손을 내밀어본다. 그래서 제목이 중요하다고 하는 것이다. 책 제목 하나에 마음이 이끌려 내 손이 다가가는 것을 보면서 제목의 중요성을 다시 한 번 실감해본다. 저자의 이력을 가볍게 보고 목차를 살펴본다. 흥미가 생기는 목차가 있는지 살펴본다. 수차례 마음을 터치하고 지나간다면 그 책은 당첨이다. 니체의 책과 고전문학과 시집을 한 권 더 골라왔다. 어쩌다 보니 인문학의 완성이다. 글쓰기에 도움이 되는 책도 하나 더 얹어보았다.

놀이터에 나간 아이들이 아직 집에 돌아오기 직전, 막간을 이용해 조용한 집에서 빌려온 책을 기분 좋게 펼쳐본다. 음악도 빼 먹지 않는다. 감성적인 디자인에 충실한 야마하오디오에서 음악이 흘러나오는 순간이 나는 늘 좋다. 내 감성을 높여주는 아이폰과 블루투스로 연결되어 감미로운 재즈 선율로 온 집안을 부드럽게 감싸 안는다. 커피 한잔과 함께 글을 쓰는 이 시간이 내가 제일 좋아하는 시간이다. 아이패드를 두드리고 있다면 내 감성은 더 폭발할 텐데, 오래된 구식 컴퓨터가 조금 마음에 들지 않지만 아직 잘 두드려지고 잘 저장해내고 있다. 아이폰이 주는 몹쓸 감성을 나는 아직은 포기할 수 없다. 아이들은 놀이터에서 신나게 놀고 있다. 나는 이제 이런 시간이 더 많아지겠지. 지금은 이 짧고 고요한 시간이 좋지만, 이 시간이 길어질수록 나는 아이들의 빈자리가 그리워질 것이다. 하지만 나에게는 책과 글쓰기라는 좋은 친구가 있다. 아이들의 빈자리를 지혜롭게 채워줄 것이다.

막 즐기려던 찰나, 전화가 온다. 교회 교구 담당 전도사님이시다. 코 다친 것을 몰랐다며 미안해하셨고 왜 알리지 않았느냐며 원망하셨다. 다친 사실을 숨겼다가 들킨 딸처럼 미안해졌고 친정엄마처럼 포근하게 느껴졌다. 전화기에 대고 기도해주셨다. 두 가지 기도 제목이 가슴에 남는다.

"하나님이 태초에 지으신 예쁜 코가, 창조하신 그 모습 그대로 회복되게 하옵소서. 믿음의 가정을 세우기 위해 홀로 고군분투하는 딸을 기억하사 남편의 영혼을 구원하소서."

진정한 아멘이 흘러나왔다. 전화를 끊고 앞치마를 메고 저녁 준비를 시작한다. 건강하고 맛있는 음식을 고루고루 도자기 그릇에 예쁘게 담아낸다. 아이들이 돌아와 샤워를 하기 시작한다. 내심 걱정되었는데 아무 사고 없이 돌아오게 하심에 감사하다. 저녁을 먹고 설거지와 모든 할 일을 마치고 다시 빌려온 책을 읽기 시작한다.

아이들은 셋이 참 잘 논다.
아이들이 잘 노는 그 시간을 나는 늘 이렇게 활용했다. 거실 테이블에서 자리를 잡고 책을 읽거나 글을 쓰며 아이들 곁을 지켰다. 늘 같은 그 자리에서, 내가 무언가 하고 있을 때 아이들은 더 잘 놀았고 나를 덜 찾았다. 세 아이들은 우애가 참 좋다. 함께 있으면 늘 즐거웠다. 싸우고 다투는 일도 별로 없다. 한 번씩 아이들이 필요로 하는 것을 채워주고, 문제를 해결해주면 그뿐이었다. 알아서 해야 할 일도 잘하는 기특한 아이들이다.

언제나 평온하게 잘 지내는 세 아이들 곁에서 글을 썼다.

아이가 하나였으면, 둘이었으면 어땠을까? 셋이라서 더 잘 지내는 것 같아서 생각해보았다. 세 아이들은 함께 있으면 심심할 틈이 없다. 지금 생각해보면 그래서 나에게 세 아이들을 주셨나 싶기도 한 거다. 우애 좋은 삼 형제를 왜 나에게 허락하셔서 이렇게 평온한 육아를 하게 하시나 늘 궁금했는데 이렇게 글 쓰고 작가가 되게 하시려고 모든 시간 예비하셨나 싶어지는 거다. 물론 그 시간엔 몰랐지만 꿈을 이루고 돌이켜보니 그렇다는 이야기다.

아이들과 함께 지내는 육아의 시간, 거실에서 나만의 꿈을 찾아나갔다.

육아와 살림, 반복되는 일상에 지치고 힘들어하지 말고 거실에서든, 어디서든 엄마의 꿈을 찾아보자. 꼭 독서와 글쓰기가 아니어도 좋다. 나에게 맞는, 나를 찾아가는, 나를 만나가는 그 아름다운 여정을 우리는 반드시 걸어가야 한다. 그래야 아이들도 나를 보며 건강하게 성장할 수 있고, 말 그대로 믿는 만큼 자라는 아이들이 된다.

당신도 당신을 아름답게 빛내줄 그 무언가를 꼭 찾게 되길.
엄마인 우리가 먼저 놓치지 않아야 할 것.
아이들 곁을 지키며, 아이들에게 따뜻한 정서와 사랑을
듬뿍 담아주어야 하는 것.
아이들에게 따뜻한 집밥을 채워주며 남편을 사랑하고 세워주며
가족의 의미와 특별한 관계를 더 사랑하는 것.
그 안에서 성장과 변화가 이루어져야 할 것.

엄마의 자리에서 최선을 다하며
엄마의 꿈을 이루어나가는 모든 시간.
꿈꾸고 성장하는 아름다운 그녀들,
세상의 모든 엄마를 응원한다.

아주 작은 변화라도 꿈꾸는 누군가에게...

"여보. 너무 잘될 거 같은데… 나 믿고 한 번만 투자해줘 봐."

북 카페를 차리고 싶다는 저에게 사업계획서를 내라는 남편 투자자님이십니다. 맞아요. 남편에게 투자를 받아 북 카페 사업을 하려면 사업계획서 정도는 드려야지 싶으면서도 저는 도무지 사업계획서를 어떻게 써야 할지 엄두도 나지 않습니다. 임대차계약부터 인테리어 비용, 테이블을 몇 개를 놓고 하루에 몇 잔의 수익을 낼 수 있을지, 총 비용과 예산과 리스크를 뽑아 가져 오라는데, 이건 저보고 하지 말라는 말과도 다름없는 거 맞죠? 정말 하게 되었을 때 발로 뛰고 현장을 돌아보며 알아보고 부딪혀야 하는 문제 아닌가요? 예상은 늘 빗나가기 마련이고 리스크를 감안하고자 최저의 수익을 계산해보자면 당연히 남는 것이 없을 것이고, 하루에 얼마나, 어떻게 수익을 낼 건지는 마케팅에 달려 있고, 저는 그것에 자신이 있고 구상 계획도 다 가지고 있는데 현실적인 남편은 자꾸 눈으로 보이는 뭔가를 가지고 오라니 답답하기만 했습니다. 남편은 눈에 보이지 않는 무언가를 꿈꾸고 있는 저를 보며 답답해했죠.

제가 꿈꾸던 북 카페는요, 엄마들과 아이들이 편안하게 책 읽고 잠시 쉴 수 있는 그런 따뜻하고 아늑한 공간이었어요. 잠시 학원 스케줄이 비어 있는 아이들은 놀이터 여기저기에서 불량 식품을 먹으며 시간을 때웁니다. 놀이터에 온통 아이들이 먹다 흘린 이물질이 가득해요. 엄마들은 벤치에, 카페에 자리를 잡고 삼삼오오 수다 삼매경이에요. 책을 읽는 엄마들은 도무지 찾아볼 수가 없어요. 놀이터에서 책이라도 꺼내 읽고 싶을 땐 굉장한 용기가 필요합니다. 이런 환경 속에 아늑하고 따뜻한 북 카페가 있으면 참 좋겠다고 생각했어요. 엄마들이 할 일 없이 반복되는 일상을 수다 떨며 시간을 때우는 것이 아니라 엄마들이 먼저 책을 읽고, 아이들이 잠시 들어와 책을 함께 읽으며, 학원 가기 전에 가벼운 간식을 든든하게 먹기도 하고, 틈새 시간에 책을 보면서 아이들이 책 안에서 꿈을 꿀 수 있는 그런 공간이 되었으면 했어요. 엄마가 아이에게 책을 읽어주고, 아이 스스로 책을 읽는 모습이 연출되는 그런 북 카페 사장님이 되고 싶었어요. 다음 학원 스케줄까지 넉넉하게 감당할 수 있는 든든한 간식과 음료를 팔아 북 카페의 수익을 남겨볼 수 있겠다 싶었고, 오전 시간에는 제가 이끌 수 있는 글쓰기 모임, 독서 모임, 블로그마케팅 모임, 인스타소통 모임, 브런치 작가 도전 모임 등 다양한 커리큘럼을 계획해 요일별로 강좌를 개설하듯 꾸려나가고 싶었어요.

그러면 우리 동네에도 책 읽고 글을 쓰며 같은 꿈을 꾸는 엄마들이 조금 더 많아질 것이고, 그런 엄마들 아래 자연스럽게 책을 보는 자녀들도 많아지겠죠. 저는 그런 명분과 비전을 가지고 북 카페 CEO가 되고 싶었습니다. 저도 엄마이니까요. 아직 이 값진 경험을 알지 못하는 누군가에게 알게 해주고 싶었고, 나보다 더 잘하고 있는 누군가에게 더 배우며 함께 성장하고 싶었어요. 엄마가 성장해야 아이도 성장하는 법이니까요. 그림은 그려지지만 예상되지 않는 숫자로 표현하는 건 아직도 잘 안 됩니다. 높은 금리도 부담입니다. 금전적인 한계와 사업계획서라는 막막함 앞에 일단 북 카페 CEO의 꿈은 접어봅니다.

오래전부터 방에 처박혀 있던 책과 책장을 거실로 다시 끄집어내야겠다고 생각했어요. 마음이 내키고 몸이 가벼울 때 그 일을 했습니다. 책을 하나하나 다 옮기고 큰 책장을 옮기고 장식했더니 우리 집이 꽤 그럴 듯한 북 카페가 되어버렸어요. 북 카페를 꾸밀 작정은 아니었는데 북 카페의 꿈을 이루지 못한 아쉬움이 남았는지, 북 카페처럼 꾸며진 아늑한 공간이 제법 좋습니다. 북 카페의 꿈은 이루지 못했지만, 그 작은 북 카페는 우리 집에서 이미 시작되었다며 스스로를 위로했어요. 당장 북 카페를 할 수 없으니 여기가 북 카페라 생각하고 우리 집의 북 카페 CEO가 되어 아이들에게 조금 더 많은 책을 읽혀야 되겠다고 생각했어요.

이 과정을 SNS에 공유했습니다. 그런데 반응이 생각보다 뜨거웠어요.

'이게 집이냐', '너무 아늑하고 예쁘다', '언젠가 북 카페 CEO가 꼭 될 거다', '꿈은 이뤄진다'며 칭찬과 응원의 댓글이 가득합니다. 그렇게 따뜻하게 다가오는 말들이 또 잔잔한 위로가 되어 주었습니다. 학교에서 돌아온 아이들도 보자마자 "엄마. 우리 집 북 카페 같다."라며 너무 좋아하네요.

그래요. 멀리 갈 필요 없습니다. 우리 집이 북 카페이고, 우리 집에서 내가 원하는 북 카페 CEO가 되면 되는 거네요. 아이들을 위한 공간이라고 생각했는데 저만의 특별한 공간이 되었어요. 너무 아늑하고 만족스러운 공간이 되었어요. 앞뒤로 책이 수북하게 쌓여 있습니다. 내 책보다는 아이들 책이 많지만 그래도 좋습니다. 저는 그곳에서 꿈을 꾸었습니다.

'글쓰기를 좋아하면서, 작가가 꿈이라면서 왜 관련 서적은 한 번도 보지 않는 거야? 작가가 꿈이라면 그에 관련된 서적 몇 가지 한번 읽어보면 어떨까? 북 카페 CEO도 좋지만 작가의 꿈이 더 최종적인 꿈이었잖아. 이 모든 것이 독서와 글쓰기가 좋아서 시작된 거잖아.'

저는 우회전했습니다.

발칙하게 '작가가 되기 위한 팁'이 가득한 서적을 끌어 담았어요. 사실 작가가 되는 것보다 북 카페 CEO가 되는 게 더 빠를 것 같아서 꼼수를 부린 거였는지도 모르겠습니다. '글쓰기에 관련된 서적을' 끌어안았습니다. 그리고 나만의 북 카페 공간에서, 거실 한쪽에서 읽기 시작했어요. 가슴이 두근두근 거렸습니다. 누구나 쓸 수 있고 누구나 써야 하는 시대라고 했습니다. 전문적인 지식을 추구하는 글 보다는 이제는 감성이 담긴 독창적인 스토리가 각광을 받는 시대라고 했습니다. 사실이라면, 저는 작가가 될 수 있는 아주 좋은 타이밍을 만난 거예요. 텍스트가 넘쳐나는 시대라서 내가 할 수 있는 이야기는 없다고 생각했어요. 그저 전업주부에 불과한 내가 할 수 있는 이야기라곤 육아일기와도 같은 소소한 것 뿐이었지만 그럼에도 불구하고 용기가 좀 생겼어요. 쓰고 있을 때 너무 좋고, 무언가 쓰고 싶은 이야기들이 넘쳐나, 그 샘이 솟아나고, 넘쳐나는 샘을 분출하지 않으면 '임금님 귀는 당나귀 귀'를 외치지 못해 병이 났던 신하처럼 답답해서 미칠 지경이 찾아왔거든요. 그래서 그냥 써보기로 했어요.

그렇게 저는 작가의 꿈을 꾸게 되었습니다. 원고를 쓰기 시작했어요.
육아하고 살림하고 부지런히 집밥을 지어내며 틈틈이 글을 쓰던 전, 여전히 육아하고 살림하고 부지런히 집밥을 지어내며 이제는 원고를 쓰고 있습니다. 원고를 다 쓰고 나서는 너무나도 큰 좌절감을 맛보았어요. 형편없는 저의 글 앞에 백기를 들고 후퇴하고 싶었습니다. 하지만 이상한 오기가 생겨 처음부터 다시 뜯어고치기 시작했어요. 시작했으니 끝을 봐야 되겠다고 다짐했어요. 글을 고치고 또 고치고 다시 고치며 다듬어나갔습니다. 고치고 고쳤는데도 고쳐야 할 글들이 여전히 눈에 많이 띄었습니다. 고치면 고칠수록 좋아진다니 희망을 가지고 탈고를 해나갔습니다. 탈고의 과정에서 겪은 고통을 암시하듯, 까맣던 머리카락 사이사이, 전에는 없던 하얀 새치들이 더 깊고 넓게 자리 잡아가고 있습니다.

저는 드디어 탈고를 마치고 제법 그럴 듯하게 완성된 원고를 품에 품었습니다. 전에는 쓰레기 같던 내 글 앞에서 이제는 마음이 울리기도 했고 눈물을 흘리기도 했습니다. 내 마음을 이렇게 울리고 있으니 다른 사람의 마음도 울릴 수 있는 글이 될 거라고 믿으며, 출판사에 투고를 했습니다.

제가 계획했던 모든 것을 해냈습니다. 원고를 썼고, 탈고를 했고, 투고를 했습니다.

보통 초보 작가들은 50~100개 정도의 출판사에 메일을 대량으로 보낸대요. 그 중에 한두 곳에서는 연락이 온다는 거죠. 그래도 안 올 수도 있다며 너무 실망하지 말라고 선배 작가들은 조언해주었습니다. 저에게는 그런 출판사의 메일 정보가 하나도 없었습니다. 일단 원고를 완성하면 가장 먼저 투고할 출판사 몇 군데만 그저 마음에 품고 있었죠. 요즘은 작가가 될 수 있는 커리큘럼이 굉장히 다양하더라고요. 그곳에서 글쓰기를 배우고, 실력을 다져나가고, 책 한 권을 쓸 수 있도록 지도해줍니다. 그리고 출판사에 투고까지 도와준다고 해요. 하지만 비용은 제법 치러야 한다고 들었습니다. 저는 그런 발판 없이 온전히 저의 힘으로만 이루어 낸 거예요. 평범한 일상을 써 내려가던 엄마의 근면성실함과 노력만으로 말이죠. 출판사에 원고를 투고하는 메일을 보냈습니다.

"하나님. 제가 할 수 있는 것은 이제 다 했습니다.
이제 하나님께서 이루어주세요."

기도했는데도 떨렸습니다.

여섯 곳의 출판사에 메일을 보냈는데요, 그날 바로 미다스북스 출판사에서 연락이 왔어요.

미다스북스에서 보내주신 출판사의 메일을 읽고 또 읽고, 울고 또 울었습니다.

미다스북스에서 제 원고를 긍정적으로 봐주시고 출간 제안을 해주셨습니다. 저는 사실 '미다스북스'랑 계약하게 되면 너무 좋겠다 생각했는데, 정말로 계약하고 출간을 하게 되었습니다.

부족한 제 원고를 좋게 봐주시고 선택해주신 미다스북스 임종익 본부장님과 부족한 제 글이 더 아름답게 펼쳐질 수 있도록 이끌어주신 이다경 편집장님 감사드려요.

전업주부로서, 집에서 독서하고 글이나 쓰며 보내는 시간을 존중해주었던 남편이 있었기에 그 꿈을 키워나갈 수 있었습니다. 늘 지지해주고 응원해주는 사랑하는 남편, 너무 고마워요. 사랑스러운 우리 삼 형제들 정말 사랑해.

아이들을 사랑으로, 눈물로 품고 온몸을 바쳐 육아에 헌신했던 시간들을 지나, 우애 좋고 건강한 모습으로 잘 자라난 아이들이 화목하게 지내는 동안 독서와 글쓰기에 몰입할 수 있었습니다. 엄마가 꿈꿀 수 있었던 이유, 여기까지 올 수 있었던 모든 이유, 아이들이 있었기 때문입니다. 사랑스러운 아이들에게 더 좋은 엄마가 되고 싶어서, 더 멋진 엄마가 되고 싶어서 꿈꾸기 시작했습니다.

꿈을 이루어나가는 엄마의 뒷모습을 보며 자라난 아이들은 이제 꿈을 이룬 엄마의 모습을 보고 있습니다. 생각보다 빨리 보여줄 수 있게 되어서 감사하고, 정말 보여줄 수 있게 되어서 기쁩니다.

엄마의 꿈은 그렇게 거실에서 찾았고, 거실에서 이루어졌습니다.

모두가 이룰 수 있습니다. 어떤 상황과 환경에서도 간절히 꿈꾸면 이루어집니다.

저를 보며 도전 받고, 자극 받고, 조금이라도 변화되길 꿈꾸는 누군가에게 도움이 되길 바라며 저의 모든 이야기를 용기 내어 펼쳐내 보았습니다. 누군가에게 잔잔한 위로가 되어주고 따뜻한 공감을 불러일으킬 수 있는 그런 글이 되면 좋겠습니다.

하마터면 대충 살 뻔했습니다.

그리고 늦게라도 꿈꿀 수 있어서 참 감사합니다.

네 시작은 미약하지만, 끝은 창대하리라. 주신 말씀 붙들고 여기까지 올 수 있도록 힘주시고 모든 길 인도하신 하나님 아버지께 모든 영광을 돌립니다.